Reclam Literaturunterricht

Sachanalysen. Stundenverläufe. Arbeitsblätter

Franz Kafka
Der Process

Von Barbara Häckl

Reclam

Abkürzungen und Symbole

EA Einzelarbeit
PA Partnerarbeit
GA Gruppenarbeit
UG Unterrichtsgespräch

* Kennzeichnung eines zusätzlichen Arbeitsauftrags bzw. Unterrichtsschritts auf erhöhtem Niveau (für Binnendifferenzierung)
HA Hausaufgabe

Verweis auf die zugehörige Ausgabe:
Franz Kafka: Der Process. Hrsg. von Ralf Kellermann. Stuttgart: Reclam, 2022. (Reclam XL. Text und Kontext. 16159.)
Stellenangaben mit Seiten- und Zeilenangaben beziehen sich auf diese Ausgabe.

Code für editierbare Arbeitsblätter und Vorlagen

Alle für den Unterricht benötigten *Arbeitsblätter* und *Vorlagen* (Bilder und Texte) sind digital auf der Webseite **www.reclam.de/lehrer_process** zum Download verfügbar. Bitte geben Sie folgenden Code ein:

dD7x36NK

Reihenkonzept: Max Kämper

Reclam Literaturunterricht | Nr. 15825
2024 Philipp Reclam jun. Verlag GmbH,
Siemensstraße 32, 71254 Ditzingen
Druck und Bindung: Esser printSolutions GmbH,
Untere Sonnenstraße 5, 84030 Ergolding
Printed in Germany 2024
RECLAM ist eine eingetragene Marke
der Philipp Reclam jun. GmbH & Co. KG, Stuttgart
ISBN 978-3-15-015825-8
www.reclam.de

Inhalt

Vorbemerkung

Kafkas *Der Process* ist ein vieldiskutiertes und vielgedeutetes Werk der Literaturgeschichte. Zahlreiche Motive finden darin Eingang und bieten unterschiedliche Zugangsweisen und vielfache Interpretationsmöglichkeiten.

In dieser Unterrichtskonzeption werden nach einer einführenden Gesamtlektüre, die zu einer individuellen Deutung durch die Schülerinnen und Schüler einlädt, einzelne Motive in Kafkas *Der Process* tiefergehend beleuchtet, ohne den Gesamtzusammenhang aus den Augen zu verlieren. Aufgrund der fast unendlichen Deutungsvarianten der Kafka-Forschung wird das Augenmerk auf die wesentlichsten Motive beschränkt und das Ziel verfolgt, dass die Schülerinnen und Schüler die Deutungsoffenheit wahrnehmen, eigenständige Interpretationen – ggf. mit Bezug zu ihrem eigenen Leben – ausbilden und diese auch schlüssig begründen können.

Der Aufbau der Unterrichtssequenz gliedert sich folgendermaßen: Der erste Teil jeder Doppelstunde beschäftigt sich eher mit theoretischen Hintergründen des jeweiligen Kapitels, die teilweise auch subjektive Kompetenzen der Literaturvermittlung beinhalten, der zweite, fakultative Teil befasst sich mit einer kreativ-praktischen kompetenzorientierten Umsetzung in der Erstellung eines Podcasts. Somit ist es möglich, lediglich den ersten Teil, also jeweils eine Unterrichtsstunde, für jedes Kapitel zu nutzen, oder vertiefend und erweiternd in Doppelstunden mit den fakultativen Teilen zu arbeiten.

Benutzungshinweise

Der Band enthält 13 aufeinander aufbauende Unterrichtsstunden und zwei Klausuraufgaben mit Lösungsvorschlägen.

Jeder Entwurf einer Unterrichtsstunde besteht aus zwei Teilen:
- **Sachanalyse** mit einem praxisorientierten, auf den Unterrichtsverlauf bezogenen Interpretationsangebot
- **Unterrichtsverlauf** mit (a) kurzem Überblick über Thema und Ziel, (b) den Unterrichtsschritten in tabellarischer Übersicht und (c) ausführlichen Erläuterungen zu den einzelnen Unterrichtsschritten

Jede Unterrichtsstunde bietet alle für den Unterricht benötigten Materialien:
- kopierfähige **Arbeitsblätter** (ggf. mit Lösungshinweisen im Anhang)
- **Vorlagen** (Bilder oder Texte)
- **Tafelbilder** (Vorschläge für die mediale Präsentation)

Die Unterrichtsstunden enthalten an allen geeigneten Stellen Hinweise für
- einen möglichen **verkürzten Verlauf** (als fakultativ gekennzeichnete Unterrichtsschritte)
- eine mögliche **Binnendifferenzierung** (die entsprechenden Arbeitsaufträge auf erhöhtem Niveau sind mit einem Asterisk * gekennzeichnet)

Textgrundlage ist die Ausgabe:
Franz Kafka: Der Process. Hrsg. von Ralf Kellermann. Stuttgart: Reclam, 2022. (Reclam XL. Text und Kontext. 16159.)

Hinweis: Die Reihe *Reclam Literaturunterricht* achtet auf gendergerechte Sprache. Aus Gründen der Lesbarkeit wird in seltenen Fällen davon abgewichen, immer sind aber alle Geschlechter gemeint.

1 Entstehungsgeschichtliche und biografische Hintergründe des Romanfragments kennen

Sachanalyse

Kafkas Texte ermöglichen eine subjektive Auseinandersetzung und persönlichen Gewinn, denn sie sind durchweg vieldeutig angelegt.

Titel. So auch das Romanfragment *Der Process*, dessen Rätselhaftigkeit bereits im Titel zum Ausdruck kommt. Ein Prozess bezeichnet zum einen ein gerichtliches Verfahren, aber zum anderen auch eine Entwicklung bzw. einen Vorgang. Die Dynamik des unlösbaren Kriminalfalles zeigt sich in diesem Werk in multidimensional deutbaren Motiven, die vom Leser und der Leserin eine aktive Handlung verlangen, nämlich ein Rätseln und Überlegen möglicher Bedeutungen, die damit immer auch den Leser selbst mit seiner individuellen Persönlichkeit und dessen Erfahrungen involvieren. Somit erfährt nicht nur der Protagonist Josef K. während des Prozesses eine Entwicklung, sondern auch der Leser. Und so ermöglichen die unterschiedlichen Interpretationsmöglichkeiten auch Raum für vielschichtige Leserschaften und Reifungsmöglichkeiten.

Deutungsansätze. Die Fachliteratur hat zahlreiche Deutungsideen vorgegeben. Zum einen finden sich Interpretationen, die das Gericht als Symbol für die Machtausübung von Institutionen sehen.[1] Andere Deutungen sehen stärker die Schuldfrage im Vordergrund (z. B. Brod) oder biografische Hintergründe, speziell die Auflösung der Verlobung mit Felice Bauer (z. B. Canetti). Wieder andere interpretieren den Prozess als Bild des Schreibprozesses und den damit verbundenen Schwierigkeiten Kafkas, Muße für das Schreiben zu finden.[2] Daneben gibt es Deutungen im Hinblick auf das Schicksal, das in der Rolle des Gerichts ins Leben eingreift, oder einer anderen höheren Instanz, die häufig religiös interpretiert wird. Weitere Interpretationen beinhalten Überlegungen, die auf Freuds Psychoanalyse beruhen und die Rolle des Gerichts als Hinwendung zum Unterbewussten sehen.[3] Die rätselhaften Vorgänge, die K. begegnen, spiegeln vielleicht auch die Innenwelt Kafkas selbst, der stets zerrissen war zwischen dem Wunsch, sich selbst individuell vor allem durch sein Schreiben zu entfalten, und der Erfüllung der Anforderungen von außen, vor allem durch seinen Vater, denen er stets nachzukommen suchte. Gemeinsam mit dem Protagonisten Josef K. macht also der Leser sich auf, ein Verständnis der rätselhaften Vorgänge zu suchen.

Biografische Hintergründe. Der Vater von Franz Kafka, Hermann Kafka, kam als Sohn eines Fleischhauers 1852 in Südböhmen zur Welt. Nach seinem Militärdienst zog er nach Prag und gründete einen Galanteriewarenladen, in dem er Stoffe und Modewaren verkaufte, und der recht erfolgreich war. 1882 hatte er Julie Löwy geheiratet, deren Familie vermögend war und dem deutsch-jüdischen Bürgertum entstammte.

Der Sohn Franz Kafka wurde am 3. Juli 1883 in Prag geboren. Zwei seiner Brüder starben schon bald, seinen drei jüngeren Schwestern las der junge Franz vor und begann bereits früh, kurze Theaterstücke zu schreiben. Der Vater war sehr streng, besonders gegenüber Franz, während die Mutter eher eine untergeordnete Rolle gespielt zu haben scheint. Das Elternhaus war durchaus wohlhabend. Kafka ging nicht gern zur Schule und war »ein eher unsicheres und einsames Kind«[4]. Er besuchte das »deutsche Staatsgymnasium und die deutsche Universität. Er sollte die Möglichkeit erhalten, [...] ein Beamter der k. k. Monarchie zu werden.«[5] Eltern, die ihren Kindern eine Karriere ermöglichen wollten, schickten sie auf deutsche Schulen; die deutsch sprechende Minderheit in Prag hatte eigene »Schulen, Theater und Zeitungen.«[6]

Verhältnis zum Vater. Das Verhältnis von Kafka zu seinem Vater war problematisch, da dieser hohe Anforderungen an seinen einzigen überlebenden Sohn stellte, die Kafka nicht erfüllen konnte und wollte. Vermutlich war allerdings im Vergleich zu anderen die Kindheit Kafkas wohl nicht so schlimm, wie das in Kafkas berühmt gewordenem *Brief an den Vater* den Anschein hat.[7] In diesem Brief, den Kafka nie seinem Vater übergeben hat, rechnet er mit den aus der recht forschen Persönlichkeit Hermann Kafkas resultierenden Schwierigkeiten ab. So findet sich darin eine Stelle über das gemeinsame Schwimmen mit dem Vater: »Ich erinnere mich zum Beispiel daran, wie wir uns öfters zusammen in einer Kabine auszogen. Ich mager, schwach, schmal, Du stark, groß, breit. Schon in

1 Vgl. z. B. Ritchie Robertson, *Franz Kafka. Leben und Schreiben*, aus dem Engl. von Josef Billen, Darmstadt 2009, S. 89.
2 Vgl. Susanne Kaul, *Einführung in das Werk Franz Kafkas*, Darmstadt 2010, S. 9 f.
3 Vgl. Andreas B. Kilcher, *Franz Kafka*, Frankfurt a. M. 2008, S. 102.
4 Kilcher (Anm. 3), S. 17.
5 Ebd.
6 Robertson (Anm. 1), S. 29.
7 Vgl. Hans Dieter Zimmermann, *Kafka für Fortgeschrittene*, München 2004, S. 18 ff.

der Kabine kam ich mir jämmerlich vor, und zwar nicht nur vor Dir, sondern vor der ganzen Welt, denn Du warst für mich das Maß aller Dinge.«[8] Er fühlte sich stets vor dem Vater klein: Aus heutiger Sicht als problematisch einzustufende Erziehungsmethoden des Vaters, etwa dass er »übertriebene Drohungen aus[stieß], die ein phantasiereiches Kind zutiefst erschrecken konnten«,[9] trugen dazu bei, dass Kafka Angst vor ihm empfand. Gegenüber seinen Angestellten, die Hermann Kafka als »bezahlte Feinde« beschrieb, war er ebenfalls kritisch und scharf. »Kafka fühlte sich nach seiner eigenen Darstellung von seinem Vater erdrückt. Hermann Kafkas massige Erscheinung [...], seine aufdringliche Selbstgewissheit sowie seine unumschränkte Autorität ließen ihn als Giganten erscheinen.«[10] Auch Kafkas Auseinandersetzung mit dem Thema der »Schuld«, die im *Process* eine maßgebliche Rolle spielt, lässt sich (unter anderem) biografisch erklären: Der Vater stellte Forderungen und Regelungen auf, die andere zu befolgen hatten, die für ihn selbst aber nicht galten. Er beherrschte »subtile Mittel, um bei anderen ein Schuldgefühl zu erzeugen.«[11] Doch trotz Franz Kafkas Widerwillen gegen seinen Vater und dessen Machtanspruch konnte er sich dessen Wünschen nicht entziehen. So führte er sein ungeliebtes Jurastudium zu Ende und ging eine Verlobung ein, hinter der er nicht mit ganzem Herzen stand. Die problematischen Empfindungen, die sein Vater in Kafka hervorrief, blockierten ihn in seinem Bestreben, eine Partnerin dauerhaft für sich zu gewinnen, »und zwar durch Schwäche- und Schuldgefühle, durch Unsicherheit und geringe Selbstachtung«[12].

Studium und Berufstätigkeit. 1901–1906 studierte Kafka Jura an der Deutschen Universität in Prag. Er schloss sein Studium zwar erfolgreich mit der Promotion ab,[13] aber ohne wirkliche Begeisterung: Zweimal unterbrach er das Studium für Ausflüge in die Germanistik und Philosophie.[14] Parallel zum Studium besuchte Kafka Vorträge in der »Lese- und Redehalle der deutschen Studenten«, in denen »die deutsche Kultur und Literatur in liberaler Perspektive« betrachtet wurde. Dort lernte er Max Brod kennen, den ein Jahr älteren Studenten, der später zu einem seiner besten Freunde werden sollte. Brod stellte Kafka auch den beiden Verlegern Ernst Rowohlt und Kurt Wolff vor, die gemeinsam den »Druck der 1904 bis 1912 entstandenen Kurzprosa Kafkas« beschlossen.[15]

Nach einem Jahr Rechtspraktikum stieg Kafka ins Berufsleben ein, zunächst bei der Prager Zweigstelle der Versicherungsgesellschaft Assicurazioni Generali, gab die Tätigkeit jedoch nach einem Jahr wieder auf, weil er durch die Vollzeitbeschäftigung keine Zeit mehr hatte, dem Schreiben nachzugehen. Er wechselte 1908 zur Arbeiter-Unfall-Versicherungs-Anstalt für das Königreich Böhmen in Prag, bei der er lediglich bis 14 Uhr arbeiten musste. Dort blieb er bis zu seinem krankheitsbedingten Ausscheiden 1922. Obwohl Kafka das Studium und die Arbeit im Büro nicht mochte, hatte seine Tätigkeit Auswirkungen auf sein Werk: »Zahlreiche Spuren führen in die Thematik seiner späteren Texte, die vielfach Fragen des Rechts, der Verwaltung, der Ökonomie etc. aufwerfen.«[16]

Das Judentum. In Prag bildeten die Tschechen zu jener Zeit vor allem die Unterschicht, wohingegen die Minderheit der Deutschen kulturell und finanziell die Oberschicht darstellte. Innenpolitisch herrschte daher Rivalität zwischen Tschechen und Deutschen,[17] wobei die deutschsprachigen Juden eher der Oberschicht zugerechnet wurden. »Die Prager Juden gehörten zumeist dem gehobenen Mittelstand an und arbeiteten hauptsächlich im freiberuflichen kaufmännischen Bereich wie Kafkas Vater.«[18]

Ab 1911/12 interessierte sich Kafka stärker für das Judentum, und dies korrelierte mit seiner Intensivierung der Schriftstellerei.[19] Eine Vertiefung fand sein Interesse am Judentum aber erst in den Jahren seiner Tuberkulosekrankheit, wenngleich natürlich Aspekte des Judentums häufig in seinem Werk zu finden sind. Aber auch »seine literarische Interpretation des Judentums [zeichnet sich] durch eine unhintergehbare Ambivalenz aus: Auf der einen Seite greift er in seinen literarischen Texten zentrale Bilder, Begriffe und Denkfiguren des aktuellen jüdischen Diskurses auf. Auf der anderen Seite tut er dies jedoch stets indirekt und gleichnishaft verschoben.«[20]

Beziehung zu Felice Bauer. Vor allem beschäftigten ihn aber seine inneren Konflikte und immer wieder die Zerrissenheit zwischen der Erfüllung eigener Wünsche und den Anforderungen seiner Umwelt. So fühlte er sich gedrängt zu einer Heirat oder zumindest Verlobung gemäß dem Motto: »Ein Kind wird erst erwachsen, wenn es heiratet und selbst Vater bzw. Mut-

8 Franz Kafka, *Brief an den Vater. Das Urteil*, hrsg. von Florian Gräfe, Stuttgart 2018 [u.ö.], S. 12.
9 Robertson (Anm. 1), S. 12.
10 Ebd., S. 13.
11 Alois Prinz, *Auf der Schwelle zum Glück. Die Lebensgeschichte des Franz Kafka*, Weinheim/Basel 2005, S. 9 f.
12 Ebd., S. 15.
13 Ebd., S. 7.
14 Vgl. Kilcher (Anm. 3), S. 22.
15 Ebd., S. 31.
16 Ebd., S. 23.
17 Vgl. ebd., S. 14.
18 Kaul (Anm. 2), S. 13.
19 Vgl. Kilcher (Anm. 3), S. 38.
20 Ebd., S. 44.

ter wird.«[21] Dies ist wohl der Hauptgrund, warum er dem Drängen von Felice Bauer nachgab, die er am 13. August 1912 bei Brod kennengelernt hatte, und mit der er über zwei Jahre hinweg in Briefwechsel stand, wohingegen kaum persönliche Treffen stattfanden. »Dieses Heer an Briefen erzeugt nicht nur ein Trugbild der Beziehung, sondern auch ein Rollen- und Maskenspiel. Kafka gab sich abwechselnd als selbstquälerischer Neurotiker und zudringlicher Charmeur. Die Erniedrigung des Selbst und komplementär dazu die Erhöhung der Geliebten dienen gleichermaßen dazu, die Beziehung im schwebenden Raum eines stets aufgeschobenen, nie erfüllten Begehrens zu halten.«[22] Zudem fühlte sich Kafka auch gegenüber Felice stets klein, und somit fand er das Gefühl, das er seinem Vater gegenüber empfand, in der Beziehung zu ihr gespiegelt. Die Verlobung fand am 1. Juni 1914 in der Wohnung der Eltern der Braut statt. Bereits sechs Wochen danach jedoch folgte die »Entlobung« im »Askanischen Hof«, die er als Gericht über sich empfand, und die »eine überwältigende Wirkung auf ihn«[23] hatte.

Der Schreibprozess. Beide Ereignisse – Verlobung wie deren Auflösung – flossen in den *Process* ein: »Die Verlobung ist zur Verhaftung des ersten Kapitels geworden, das ›Gericht‹ findet sich als Exekution im letzten.«[24] Einen Monat nach der Entlobung begann Kafka nämlich mit der Arbeit am Romanfragment und stellte im Laufe von zwei Monaten bereits einen Großteil fertig. »Bis Januar 1915 kommen in weniger rasantem Schreibfluss fast hundert Seiten hinzu.«[25] Danach allerdings schrieb Kafka kaum mehr daran weiter, so dass der Roman ein Fragment blieb. Dennoch kam er zu einem klaren Ende, was daran liegt, dass Kafka das erste und letzte Kapitel wohl aufeinanderfolgend verfasst hat.

»Unsicher bleibt dagegen die Anordnung der als Konvolute überlieferten Kapitel (und Kapitelfragmente).«[26] Das, was Kafka zum Roman geschrieben hat, notierte er in zehn Heften, die er nach Beendigung des Schreibens auflöste, um die Notate in Kapitel zu fassen.[27] Die Abfolge der Kapitel verdeutlichte Kafka allerdings nicht, und zudem sind einige Kapitel unfertig geblieben. Kafka hatte offenbar die einzelnen Zwischenkapitel nicht linear verfasst.[28] Dadurch kamen manche Literaturwissenschaftler auch zur Auffassung, dass der Prozess von Josef K. an vielen Stellen Kafkas Schreibprozess entspreche.[29]

Weitere Beziehungen, Krankheit und Tod. Im Sommer 1917 kam Felice nochmals nach Prag, und Kafka verlobte sich wiederum mit ihr. Der Ausbruch der Tuberkulose ermöglichte ihm die Auflösung dieser zweiten Verlobung bereits im Dezember des gleichen Jahres. Im Sommer 1919 verlobte er sich mit Julie Wohryzek, einer ebenfalls lungenkranken jungen Tschechin, die er bei einem Kuraufenthalt kennengelernt hatte; doch scheiterte die Beziehung wiederum, diesmal auch an den Vorbehalten des Vaters, und die Verlobung wurde im Juli 1920 gelöst. Kafka schrieb ab April mit Milena Jesenská-Polak, einer verheirateten Journalistin und Übersetzerin, und begann eine Affäre mit ihr. Im Januar 1922 kam es zum Zusammenbruch. Kafka fuhr zur Erholung ins Riesengebirge und begann die Arbeit am Roman *Das Schloss*. Davor lag eine Periode, in der Kafka zwar Briefe verfasste, jedoch keine weiteren literarischen Werke.

Bereits schwerer erkrankt, gründete er am 24. September 1923 mit der 21 Jahre jüngeren frommen Jüdin Dora Diamant, die er in einem Urlaub kennengelernt hatte, in Berlin einen gemeinsamen Hausstand. Sie pflegte ihn bis zum Tod, brachte ihn mit Brod 1924 noch nach Prag zurück und von dort in ein Sanatorium in Kierling, wo er am 3. Juni 1924 starb. Am 11. Juni wurde Kafka auf dem jüdischen Friedhof in Prag-Straschnitz beigesetzt.[30]

Veröffentlichung des Romanfragments. In einem Testament hatte Kafka verfügt, dass sein Freund Max Brod seine unveröffentlichten Schriften vernichten solle. 1920 nahm Brod das Manuskript zum *Process* an sich und bewahrte es auf, statt der Bitte Kafkas zu folgen.[31] »Wäre Brod dieser Bitte gefolgt, statt die Manuskripte im letzten Eisenbahnzug mitzunehmen, der Prag vor der Besetzung Tschechoslowakiens 1939 durch die Nationalsozialisten noch verlassen konnte, und sie zu veröffentlichen, würde die Literatur des 20. Jahrhunderts ganz anders aussehen.«[32]

21 Zimmermann (Anm. 7), S. 21.
22 Kilcher (Anm. 3), S. 47.
23 Elias Canetti, *Der andere Prozeß. Kafkas Briefe an Felice*, München 1969, S. 66.
24 Ebd., S. 68.
25 Kaul (Anm. 2), S. 93.
26 Kilcher (Anm. 3), S. 100.
27 Vgl. Malcolm Pasley, »Wie der Roman entstand«, in: Hans Dieter Zimmermann (Hrsg.), *Nach erneuter Lektüre. Franz Kafkas »Der Proceß«*, Würzburg 1992, S. 11.
28 Vgl. ebd., S. 17.
29 Vgl. ebd., S. 27.
30 Wilhelm Große, *Lektüreschlüssel. Franz Kafka: »Der Proceß«*, Stuttgart 2011 [u. ö.], S. 87.
31 Klaus-Detlef Müller, *Franz Kafka. Romane*, Berlin 2007, S. 63.
32 Robertson (Anm. 1), S. 54.

Unterrichtsverlauf

Überblick. Nach einer Deutung des Romantitels sammeln die Schülerinnen und Schüler ihre Leseerfahrungen und ersten Interpretationen zum Romanfragment, bevor sie sich der Entstehungshistorie sowie der Biografie Kafkas zuwenden. ! **Verkürzter Verlauf:** 1.1 – 1.2 – 1.3 – 1.4

Phase	Thema	Sozialform	Kompetenzen und Lernziele	Materialien
Voraussetzungen: Kenntnis über den Inhalt des Romanfragments				
1.1	Einstieg: Der Romantitel	UG	• Interesse für das Thema entwickeln • Deutungsmöglichkeiten des Romans erkennen	TAFELBILD 1 ➤ S. 9
1.2	Ergebnisoffenes Gespräch über Motive im Romanfragment	UG	• Vorwissen aktivieren • Verschiedene Lesarten verstehen und für das eigene Verständnis nutzen	
1.3	Erarbeitung der Vorgeschichte des Romanfragments und der Biografie Kafkas	GA / PA	• (Vor-)Wissen aufbauen • Andere informieren	VORLAGE 1 ➤ S. 10
1.4	Vertiefen der Biografie Kafkas	UG	• Zuhören • Stichpunkte festhalten	
1.5 **fakultativ**	Analyse eines Beispielpodcasts	EA / UG	• Induktiv den Aufbau eines Podcasts erfassen	
1.6 **fakultativ**	Aufbau und Vorgehen Podcast	UG	• Wissen erwerben für die Erstellung eines Podcasts	ARBEITSBLATT 1 ➤ S. 12 f.
1.7 **fakultativ**	Aufbereitung der Vita Kafkas für einen Podcast	GA	• Erarbeitetes Wissen produktiv anwenden und vertiefen	
HA	Wiederholendes Lesen des 1. Kapitels »Verhaftung«			*Der Process*, Reclam XL, S. 7–21

Hinweis. Vor Beginn der Unterrichtseinheit sollen die Schülerinnen und Schüler den Text einmal gelesen haben, um einen vorläufigen Gesamteindruck zu erwerben und erste individuelle Deutungshypothesen aufzustellen. Parallel zur Unterrichtseinheit erfolgt schrittweise eine zweite, genauere Lektüre. Möglich ist dieses Vorgehen, da Kafkas Sprache auf der rein literalen Ebene zunächst nicht kompliziert erscheint. Erst bei präziserem Hinsehen wird die Vielschichtigkeit und Uneindeutigkeit sichtbar. Der erste Lesedurchgang wird insofern Irritationen hervorrufen, die aber nicht auf sprachliche Schwierigkeiten zurückzuführen sind.

Zur leichteren Orientierung im Text ist es sinnvoll, die Kapitel 1–10 sowie die Fragmente 1–6 durchzunummerieren.

1.1 Einstieg: Der Romantitel

UG

TAFELBILD 1
➤ S. 9

Unterrichtsschritt. Der Titel des Romans wird an die Tafel geschrieben (TAFELBILD 1). Die Schülerinnen und Schüler machen sich Gedanken über den Romantitel und erkennen, dass schon hier eine Mehrdeutigkeit vorliegt.

Leitfragen:

- Welche Assoziationen weckt die Überschrift des Romans in Ihnen?
- In welchen Situationen oder unter welchen Umständen sprechen wir in unserem Sprachgebrauch von einem Prozess?

Erläuterungen. Mit der Analyse und Interpretation des Romantitels begeben sich die Schülerinnen und Schüler bereits auf eine neue Ebene des literarischen Verstehens. Während sie vermutlich den Romantitel vorher eher nur unter dem »Gerichtsaspekt« betrachtet haben, fällt ihnen nun eine neue Dimension auf, die für künftige Deutungen relevant sein kann.

TAFELBILD 1

Der Process

(Franz Kafka)

Juristischer Vorgang mit dem Ziel eines Urteils	**Entwicklung, Voranschreiten von Sachen oder Personen**
Rechtsstreit, Strafverfahren, zwei gegnerische Parteien, Gesetze, Klage, Verhaftung, Akten, Verhandlung, Verfahren, Anklage	in einer best. Zeit Produktverbesserung Technik Fortschritt, Entfaltung

1.2 Ergebnisoffenes Gespräch über Motive im Romanfragment

Unterrichtsschritt. Die Schülerinnen und Schüler äußern im literarischen Gespräch frei ihre während der Romanlektüre entstandenen Deutungen und Meinungen zum Roman. Die anschließende mit Leitfragen fokussierte Hinführung zu verschiedenen Motiven im Werk wird im Verlauf der weiteren Unterrichtssequenz vertieft. UG

Leitfragen:
- Wie hat Ihnen der Roman gefallen?
- Wie erging es Ihnen mit dem Schicksal von Josef K.?
- Haben Sie eine Vermutung, was es mit seiner Verhaftung auf sich haben könnte?
- Sind Ihnen spezielle Motive aufgefallen, die wiederholt auftreten?
- Welche Rolle haben die Frauengestalten im Roman?
- Welche Art von Räumlichkeiten kommt im Roman besonders häufig vor? Welche Bedeutung könnten diese haben?
- Was wird über die Rolle der Beamten und den Machtapparat ausgesagt?
- Ist Josef K. in Ihren Augen schuldig?
- Macht Josef K. eine Entwicklung durch?

Erläuterungen zur Methodik. Das literarische Gespräch ermöglicht die freie Äußerung individueller Interpretationsansätze zu einem mehrdeutigen Text. Die Schülerinnen und Schüler erkennen die Polyvalenz verschiedener Meinungen und dass literarische Texte und dieser Text im Besonderen keine eindeutige Interpretation zulassen. Dadurch erfahren die Schülerinnen und Schüler u. a. die Unabschließbarkeit des Sinnbildungsprozesses.

Während sich die Schülerinnen und Schüler zunächst darüber äußern, wie ihnen der Roman gefallen hat, können sie im Anschluss mit Leitfragen auf spezielle Motive hingewiesen werden. Durch die intensive Auseinandersetzung mit den Romanmotiven erfolgt gleichzeitig auch eine Wiederholung des Inhalts. Die Lehrperson ist nur Gleiche unter Gleichen, ist also mit den Schülerinnen und Schülern auf Augenhöhe. Sinnvoll ist es, wenn dafür auch eine Atmosphäre geschaffen wird, die dem entspricht, z. B. durch einen Stuhlkreis.

1.3 Erarbeitung der Vorgeschichte des Romanfragments und der Biografie Kafkas

GA / PA

VORLAGE 1 ➤ S. 10

Internetzugang

Unterrichtsschritt. Die Schülerinnen und Schüler erwerben Vorwissen, um das Romanfragment literarhistorisch besser einordnen und anschließend interpretieren zu können. Die Klasse wird dazu in zwei etwa gleichstarke Gruppen eingeteilt, die zwei unterschiedliche Arbeitsaufträge bearbeiten (VORLAGE 1 ***Entstehung des Romans und Biografie Kafkas***). In einer Gruppe wird das Thema Schreibprozess und Edition des Romans, in der anderen Kafkas Biografie inhaltlich aufbereitet: Jeder Schüler erstellt selbstständig einen Stichwortzettel sowie ein Übersichtsblatt zum Inhalt der Themenbereiche (Plakat DIN A4), um diesen jeweils einem anderen Schüler im Anschluss zu vermitteln. Beim ggf. wiederholten Tausch der Partner im Anschluss können die Lernergebnisse ergänzt werden.

Arbeitsmittel können 1) eigene Internetrecherche und/oder 2) Materialien aus dem Anhang der Ausgabe *Der Process* (Reclam XL, S. 254–261) sein.

VORLAGE 1

Entstehung des Romans und Biografie Kafkas

Gruppe 1: Informieren Sie sich über die Entstehung des Romans *Der Process*, insbesondere über Kafkas Schreibprozess, sowie über die Veröffentlichung.

Gruppe 2: Informieren Sie sich über die wichtigsten Stationen der Biografie Kafkas. Heben Sie dabei hervor, welche Personen, Ereignisse und Erfahrungen Kafka besonders prägten.

Bereiten Sie eine kurze Präsentation der Ergebnisse vor, indem Sie individuell einen Stichwortzettel und ein DIN-A4-Plakat erstellen.

1.4 Vertiefen der Biografie Kafkas

UG

Internetzugang

Unterrichtsschritt. Die Schülerinnen und Schüler betrachten ein Lehrvideo über Kafka und festigen dabei ihr biografisches Hintergrundwissen, das sie stichpunktartig festhalten, bevor sie es im Plenum diskutieren. Verwendet werden kann etwa der Beitrag des YouTube-Kanals *selbstorientiert*:

- youtu.be/QJMhcwdKikg (Stand: 1.7.2024)

1.5 Analyse eines Beispielpodcasts (fakultativ)

EA / UG

Internetzugang

Unterrichtsschritt. Die Schülerinnen und Schüler hören einen Podcast über Kafka (z. B. www.podcast.de/episode/633177471/freitag-30-mai-1924-kafkas-traeume, Stand: 1.7.2024) an und sammeln selbstständig Kriterien, die einen erfolgreichen Podcast ausmachen.

Erläuterungen. Die Lernenden vertiefen zum einen ihr Wissen über Kafkas Biografie, indem sie den Podcast anhören, und achten gleichzeitig – dies nun in erster Linie – auf die unterschiedlichen Kriterien, die einen erfolgreichen Podcast ausmachen, so dass sie ein sinnvolles Beispiel erhalten, wie ihr in der Folge zu erstellender eigener Podcast aussehen könnte.

1.6 Aufbau und Vorgehen Podcast (fakultativ)

UG

ARBEITSBLATT 1 ➤ S. 12 f.

Unterrichtsschritt. Die Schülerinnen und Schüler erarbeiten Informationen darüber, was ein Podcast ist und wie man einen solchen erstellt. Auf dem ARBEITSBLATT 1 ***Einen Podcast erstellen*** werden wesentliche Kriterien genannt. Sie vergleichen diese mit den in 1.5 von ihnen gesammelten Kriterien.

Erläuterungen zur Methodik. Ein Podcast informiert über ein bestimmtes Thema. Die »Podcaster« genannten Autorinnen und Autoren laden Gäste ein oder referieren selbst über ein Thema, zu dem sie sich besonders gut auskennen. Die Schülerinnen und Schüler schlüpfen während der fakultativen Einheiten dieser Unterrichtseinheit in die Rolle eines Podcasters und fertigen Podcasts zu verschiedenen Aspekten des Romans an. Dabei werden in der Folge unterschiedliche, meist kreative Methoden des Umgangs mit literarischen Texten eingesetzt. Die Anfertigung des Podcasts bereitet die Schülerinnen und Schüler auf unterschiedliche Kompetenzen vor, die sie für andere Bereiche, insbesondere des mündlichen Sprachgebrauchs wie Referate oder mündliche Prüfungen benötigen. Sie lernen es u. a. auf eine spielerische Weise, ein Thema auf den Punkt zu bringen, es zu gliedern und die passenden Inhalte auszuwählen und verständlich vorzutragen. Im Rahmen der Unterrichtseinheit ist es möglich, die entstehenden Podcasts als ›Hörportfolio‹ zumindest als mündliche Leistung zu bewerten. Als Bewertungskriterien der einzelnen Podcasts können folgende Punkte berücksichtigt werden:

- Wie wurde das Thema gegliedert?
- Wie verständlich wurde das Thema aufbereitet?
- Wie lang ist der Beitrag im Verhältnis zum Inhalt?
- Wie lustig/spannend für die Zuhörer wurde das Thema dargestellt?
- Wie deutlich wurde gesprochen?
- Wurde das Thema durch Musik und Geräusche untermalt?
- Wie sinnvoll sind die informierenden Shownotes?

1.7 Aufbereitung der Vita Kafkas für einen Podcast (fakultativ)

Unterrichtsschritt. Die Schülerinnen und Schüler bereiten den Lebenslauf Kafkas für einen Podcast vor. Dabei verknüpfen sie biografische Angaben mit Tagebucheinträgen. Zugrunde legen können sie die Plakate (Unterrichtsschritt 1.3). Ggf. kann auch die Ausgabe *Der Process*, Reclam XL, S. 258–261, 263–266 herangezogen oder zusätzlich die Sachanalyse kopiert werden. GA

Erläuterungen. Die Schülerinnen und Schüler tun sich in selbstgewählter Gruppengröße zusammen, um einen Podcast zu entwickeln. Die Gruppen sollten im Verlauf der Unterrichtseinheit konstant bleiben.

Hausaufgabe

In häuslicher Lektüre wiederholen die Schülerinnen und Schüler *Der Process*, Reclam XL, S. 7–21 (»Die Verhaftung«).

Einen Podcast erstellen

Definition Podcast:
Ein Podcast ist ein über das Internet meist kostenfrei erhältlicher Hörbeitrag eines oder mehrerer Podcaster. Die Herkunft des Wortes stammt aus dem Englischen vom Word *podcast*, das sich aus den Begriffen *portable on demand* (›tragbar auf Abruf‹) sowie dem zweiten Teil des Wortes *to broadcast* (›senden‹) zusammensetzt.

Schritte zur Erstellung eines Podcasts:

1) Die Konzeption

Wie bei anderen »öffentlichen Formaten« wie z. B. Reden oder Referaten auch, muss vor dem Aufnehmen des Podcasts festgelegt werden, wie der eigene Podcast heißen soll (*Titel*), wie das konkrete *Thema* der aktuellen Folge lautet, wie dieses gegliedert ist und mit welchen Inhalten es versehen werden soll. Auch ein *Bild* ist sinnvoll.

Nach der Themenwahl muss der Inhalt recherchiert und anschließend schlüssig strukturiert werden.

Dazu bietet es sich an, einen *Stichpunktzettel* vorzubereiten, damit der folgende Vortrag zwar flüssig ist, aber nicht abgelesen wirkt, falls der Text ausformuliert wurde, oder zu ausschweifend wird, wenn kein schriftliches Konzept vorliegt.

Der Aufbau eines Podcasts besteht nach der *Begrüßung* meist aus einer kurzen *Einführung*, in der knapp erklärt wird, um was es im Folgenden ausführlicher gehen wird, dann der *Thematik*, die in ca. 10 bis maximal 45 Minuten behandelt wird, und schließlich einem *Resümee und Ausblick*.

Wichtig ist bei der Konzeption stets, den *Zuhörer* im Blick zu behalten: Was möchte er erfahren? Welche Infos benötigt er? Haben wir einen roten Faden im Aufbau? Können wir etwas Lustiges oder Spannendes einbauen, um ihn zu motivieren, weiter zuzuhören?

In den sogenannten *Shownotes* des Podcasts finden sich Infos über den Inhalt des aktuellen Podcasts. Damit wird dieser Podcast den Zuhörern quasi »angepriesen« bzw. sie werden neugierig auf den Inhalt gemacht. Die Shownotes sollten also nicht zu lang sein und den Inhalt noch nicht verraten. Sie können mit »Keynotes« versehen werden; durch diese werden die Zuhörer beim Suchen zum Podcast geleitet. In den Shownotes können aber auch weiterführende Links angebracht oder es kann Feedback eingeholt werden. Die Shownotes sollten höchstens fünf bis zehn Sätze umfassen.

2) Die Musik

Fast jeder Podcast hat eine *Erkennungsmelodie*, die am Anfang und Ende des Podcasts gespielt wird. Darüber hinaus können spezielle Melodien z. B. inhaltlich wichtige Punkte besonders kennzeichnen, wie z. B. Definitionen o. Ä. Kostenfreie Jingles sind beispielsweise hier erhältlich:

- www.hoerspielbox.de

Falls Sie musikalisch sind, können Sie natürlich selbst Ihren Podcast entsprechend untermalen. Sie können außer Musik auch *Geräusche* in Ihren Podcast einbauen. Dafür können Sie in Ihrem Alltag selbst auf »Geräuschejagd« gehen und Geräusche, die Sie für Ihren Podcast brauchen können, mit dem Mikro aufzeichnen. Hier gibt es aber auch kostenfreie Geräusche zum Download:

- www.auditorix.de/index.php?id=183

3) Die Sprecherinnen bzw. Sprecher

Sie sollten deutlich und möglichst dialektfrei sprechen, um überall gut verstanden zu werden. Eine *Sprachprobe* bietet sich an. Hierfür nehmen Sie ein kurzes Textstück auf und hören es sich vorzugsweise mit mehreren Personen an. Diese können Ihnen Tipps geben, was Sie verbessern sollten, um besser verstanden zu werden. Sie können auch Stimmvariationen erproben, wie z. B. Flüstern, Schreien, Nuscheln etc.

4) Die Aufnahme

Die Aufnahme sollte in einem Raum erfolgen, der möglichst leise ist, in dem also keine Außengeräusche stören. Eine kostenfreie Aufnahme ist bspw. mit der Software Audacity (MAC oder WIN) möglich:
www.audacity.de

5) Mischen und Schnitt

Da es bei der Aufnahme vermutlich zu Versprechern gekommen ist oder sich im Nachhinein manche Teile doch nicht als gelungen herausstellen, sollte der Podcast anschließend noch geschnitten und mit Musik und Geräuschen unterlegt werden. Mit Audacity sind Mischen und Schnitt kostenfrei möglich.

6) Konvertieren und veröffentlichen

Gegebenenfalls muss der Podcast nun noch in ein *MP3-Format* gebracht und auf eine *Hostplattform* (kostenfreie Anbieter können online recherchiert werden) oder die Schulhomepage geladen werden.

Wichtig: Für eine Veröffentlichung muss das *Urheberrecht* beachtet werden (vgl. z. B. www.urheberrecht.de). Häufig dürfen einzelne Text- oder Musikpassagen nicht einfach veröffentlicht werden. Nach dem Tod eines Autors gilt das Urheberrecht für gewöhnlich noch 70 Jahre, danach darf der Text frei verwendet werden.

Kriterien für einen gelungenen Podcast

- Entspricht der Name des Podcasts dem Thema?
- Wie wurde das Thema gegliedert?
- Wie verständlich wurde das Thema aufbereitet?
- Wie lang ist der Beitrag im Verhältnis zum Inhalt?
- Wie lustig/spannend für die Zuhörer wurde das Thema dargestellt?
- Wie deutlich wurde gesprochen?
- Wurde das Thema durch passende Musik und Geräusche untermalt?
- Gibt es sinnvolle Shownotes zu den einzelnen Folgen?

2 Die Motivvielfalt im Romanfragment wahrnehmen

Sachanalyse

Bedeutung des Kapitels. »Von Anfang an ist *Der Proceß* durch den Moment des Erwachens in seinem weiteren Ablauf bestimmt«[1] – des Erwachens aus dem bisherigen Leben und dem Anfang einer neuen Zeit –, und so beginnt das Romanfragment *Der Process* von Franz Kafka mit dem Satz: »Jemand musste Josef K. verleumdet haben, denn ohne dass er etwas Böses getan hätte, wurde er eines Morgens verhaftet« (7,2 f.). Das auf diesen Satz aufbauende erste Kapitel »Verhaftung« (Reclam XL, S. 7–21) zeigt bereits die Motivvielfalt des Romanfragments. »Mit dem ersten Kapitel des Romans ist gleichsam der Grundriß des folgenden Geschehens entworfen, das keine ›Lebensgeschichte‹ mehr abbildet, sondern, nach Kafkas eigenen Worten ein ›stehender Sturmlauf‹ ist«, und in dem, so Gerhard Neumann, zwei »Bedeutungsfelder, die einander diametral entgegengesetzt erscheinen, beginnen aufeinander einzuwirken: das der Justiz zum einen, das als ein fortwährendes Urteilen, als ein System der sich verästelnden Zwänge und Überwachungen sichtbar wird; und das der Sexualität sodann, das sich als anarchisch-wuchernde Triebproduktion, als ein Spiel von Durchbrechungen und Dissoziationen, von Ausweichmanövern und Dislozierungen zu erkennen gibt.«[2] Auch weitere Motive treten bereits im ersten Kapitel zutage: Zum einen das Thema der Machtausübung durch unterschiedliche Beamte des Gerichtes, zum anderen das Themenfeld von Schuld(freiheit), Moral, Eingreifen Gottes bzw. des Schicksals in die Welt. »Der Gedanke, dass ein ganzes Leben lang die guten und die bösen Taten in einem Buch aufgeschrieben werden, dass also gewissermaßen immerzu ein Prozess im Gang ist, und dass nach dem Tode der Ewige Richter das Urteil spricht, ist Juden wie Christen geläufig.«[3]

Da das erste Kapitel folglich zentral für den Fortgang des *Process* ist und zahlreiche Motive bereits hier aufscheinen, sollte die Motivvielfalt, um die Schülerinnen und Schüler dafür im weiteren Leseprozess zu sensibilisieren, schon anfangs in ihrer Breite thematisiert werden.

Kritik am Macht- und Beamtenapparat. Was »noch niemals geschehn« (7,6) war, tritt an K.s 30. Geburtstag (vgl. 10,8) ein: Die Zimmervermieterin bringt kein Frühstück, stattdessen betritt ein fremder Mann – später von seinem Begleiter »Willem« (12,14) »Franz« benannt (8,21) – den Raum. Willem teilt K. mit, er dürfe »nicht weggehn, Sie sind ja gefangen« (8,31 f.). Darüber hinaus wird er darauf hingewiesen, dass er seine Kleidung abzugeben habe, und zwar besser an die Wärter denn ins Depot, da dort »öfters Unterschleife« (9,16) vorkämen. Bereits hier wird deutlich, dass im Depot, jedoch vermutlich auch von Seiten der Wächter, zudem »Bestechung« (9,23) an der Tagesordnung ist. Die Vorgänge stoßen in K. Grübeleien an über seine Sicherheit: »K. lebte doch in einem Rechtsstaat, überall herrschte Friede, alle Gesetze bestanden aufrecht, wer wagte ihn in seiner Wohnung zu überfallen?« (9,37–10,2) An dieser Stelle findet sich ein erster Hinweis auf die im Werk latent erkennbare Kritik am Justiz- und Beamtenapparat, wobei Kafka kritisch das österreichische Rechtssystem seiner Zeit in den Blick nimmt.[4] Die Kritik am österreichischen Rechtssystem ist jedoch nur vordergründig,[5] die weiteren genannten Motive können diese vordergründige Deutung ergänzen oder bedeutungslos machen:[6] »Man sollte sich davor hüten, die Verstörung, die von dem Roman ausgeht, dadurch zu verflachen, dass man in der Romananalyse einen *eindeutigen* Sinn dieses Textes herauszupräparieren versucht. So ebnet man nur die provokativen Verunsicherungen, die von dem Text ausgehen, ein.«[7]

Gott/Religion/Schicksal und die Schuldfrage. K. versucht, seine Identität mit seinem »Geburtsschein« (10,35) zu beweisen. Seine von den »Wächter[n]« (11,7) erwartete Gegenleistung, den »Verhaftbefehl« (11,16), zu sehen, wird von diesen mit einem Angriff abgetan (vgl. 11,17–21) und ad absurdum geführt: »Was kümmern uns denn die [Legitimationspapiere]?« (11,27). Der Wärter führt weiter aus, dass

1 Anette Horn / Peter Horn, *In einer fenster- und türlosen Zelle. Die Romane Franz Kafkas*, Oberhausen 2015, S. 172.

2 Gerhard Neumann, »Der Zauber des Anfangs und das ›Zögern vor der Geburt‹ – Kafkas Poetologie des ›riskantesten Augenblicks‹«, in: Hans Dieter Zimmermann (Hrsg.), *Nach erneuter Lektüre. Franz Kafkas »Der Proceß«*, Würzburg 1992, S. 134.

3 Hans Dieter Zimmermann, *Kafka für Fortgeschrittene*, München 2004, S. 124.

4 Vgl. Ritchie Robertson, *Franz Kafka. Leben und Schreiben*, Darmstadt 2009, S. 100.

5 Vgl. dazu Andreas B. Kilcher, *Franz Kafka*, Frankfurt a. M. 2008, S. 100.

6 Zimmermann meint, dass »K.s Prozess […] stark abgesetzt von der staatlichen Gerichtsbarkeit [ist], insofern kann auch die Darstellung seines Prozesses nicht als Kritik an dieser staatlichen Gerichtsbarkeit betrachtet werden«; Zimmermann (Anm. 3), S. 112.

7 Wilhelm Große, *Lektüreschlüssel. Franz Kafka: »Der Proceß«*, Stuttgart 2011 [u. ö.], S. 6.

»die hohen Behörden« (11,37) sehr genau wüssten, was sie täten: »Es gibt darin keinen Irrtum.« (12,3) Die Behörde werde, »wie es im Gesetz heißt«, geradezu »von der Schuld angezogen« (12,6). Hier wird ein im Romanfragment wiederholt auftretendes wichtiges Motiv angesprochen, das vielfältig gedeutet werden kann, z. B. als »Logik einer göttlichen Gerechtigkeit, wenn von der Strafe auf die Schuld geschlossen wird«,[8] oder als »Orientierungslosigkeit« in der heutigen Welt aufgrund von »Scheingesetze[n]«.[9]

Infragestellen des Gewohnten und biografische Anklänge. Nachdem sich K. auf Befehl der Wächter in einen schönen schwarzen Rock gekleidet hat, wird er in das Nebenzimmer geführt – das nun zum Verhandlungszimmer umfunktioniert wurde und das sonst von einer »Schreibmaschinistin«, »Fräulein Bürstner« (15,18; »von ›bürsten‹, Geschlechtsverkehr haben«[10]), bewohnt wird. »Ihr Name beginnt mit B wie Bauer, aber mit B beginnt auch der Name der Grete Bloch.«[11] Möglicherweise findet sich hier also eine biografische Anspielung auf Felice Bauer oder deren Freundin.

In diesem Zimmer ist ein »Aufseher« (15,13), der hinter dem Nachtkästchen Frau Bürstners, das als »Verhandlungstisch in die Mitte des Zimmers gerückt« (15,22) worden war, sitzt. Die kuriosen Räumlichkeiten, die im *Process* ebenfalls besondere Beachtung verdienen, werden hier erstmals gezeigt: Die Verhandlung findet nicht in einem Saal des Gerichts statt, sondern in privaten Räumen innerhalb einer Wohnung. Der weitere Gesprächsverlauf ist paradox bis absurd und gipfelt darin, dass sich der Aufseher einen Hut von Fräulein Bürstner aufsetzt (vgl. 19,8–11). Mit all diesen in der realen Welt ungewöhnlichen oder sogar unmöglichen Gegebenheiten oder Verhaltensweisen werden Vorannahmen der Leser auf den Kopf gestellt, so dass dieser irritiert wird und seine gewohnten Deutungsmuster hinterfragt.

Tiefenpsychologie. Wiederholt wird in diesem Kapitel auch auf »Gaffer« oder »Spione« hingewiesen, die von der gegenüberliegenden Seite aus dem Fenster beobachten, was in den Räumlichkeiten, in denen K. verhaftet wird, vor sich geht. Die Fenster sind also weniger Möglichkeit zum Ausblick als zum Blick nach innen geworden in den privaten Raum und vielleicht auch ins Innerste von Josef K.[12] Die Zuschauer können auf der anderen Seite auch als »Theaterpublikum« gedeutet werden, da im Roman mehrmals das Theater- bzw. Bühnenmotiv vorkommt,[13] oder aber es stehen aus psychologischer Sicht »die Zuschauer dem eingekerkerten Selbst, also den Es-Forderungen gegenüber, die in ihrem Auftrieb gegen das restringierende Über-Ich ankämpfen, derart eine verführerische Gewalt ausüben und überwunden werden müssen.«[14] Trotz der Verhaftung kann K. seinem Beruf weiterhin nachgehen, was bei K. zur Interpretation führt: »Dann ist das Verhaftetsein nicht sehr schlimm« (19,32 f.). Und in der Tat wird seine »Arbeit in der Bank [...] von niemandem sonst als von ihm selbst, durch seine Gedanken gehindert, was wiederum nahelegt, dass der Prozess – es sei hier hypothetisch vorweggenommen – in ihm spielt und von ihm initiiert wird.«[15]

Erstes Kapitel als Basis für das weitere Verstehen. Mit dieser Vielfalt an Motiven kann das erste Kapitel »als die Grundlegung des Gesamtgeschehens, die sich in verschiedenen Filiationen der Romanhandlung fortsetzt und verzweigt, in Motiven und Konstellationen wiederkehrt«,[16] betrachtet werden.

8 Susanne Kaul, *Einführung in das Werk Franz Kafkas*, Darmstadt 2010, S. 103.

9 Zimmermann (Anm. 3), S. 137.

10 Ralf R. Nicolai, *Kafkas »Prozess«. Motive und Gestalten*, Würzburg 1986, S. 24.

11 Elias Canetti, *Der andere Prozeß. Kafkas Briefe an Felice*, München 1969, S. 70.

12 Vgl. Klaus-Detlef Müller, *Franz Kafka. Romane*, Berlin 2007, S. 67 f.

13 Vgl. Csilla Mihály, *Figuren und Figurenkonstellationen in Kafkas Erzähltheater. Zur Erklärungsfunktion der Wiederholungsstrukturen im mittleren Werk*, Wien 2015, S. 102.

14 Nicolai (Anm. 10), S. 33.

15 Vgl. Mihály (Anm. 13), S. 104.

16 Neumann (Anm. 2), S. 134.

Unterrichtsverlauf

Überblick. Die Schülerinnen und Schüler setzen sich anhand des 1. Kapitels »Verhaftung« mit den das Romanfragment durchziehenden unterschiedlichen Motiven und Motivdeutungen auseinander.

! **Verkürzter Verlauf: 2.1 – 2.2 – 2.3**

Phase	Thema	Sozialform	Kompetenzen und Lernziele	Materialien
Voraussetzungen: Textkenntnis bis S. 21				
2.1	Einstieg: Deutungsoffene Zeichnung von Kafka	UG	• Interesse für die unterschiedlichen Deutungsvarianten entwickeln • Mehrdeutigkeiten wahrnehmen	VORLAGE 2 ➤ S. 16
2.2	Vertiefung: Sammlung der Motive	EA / UG	• Motive des Romans identifizieren • Bewusstheit für verschiedene Motive schärfen	TAFELBILD 2 ➤ S. 17
2.3	Beleg unterschiedlicher Motive im ersten Kapitel	EA / UG	• Inhalte erfassen • Motivik deuten	TAFELBILD 2 ➤ S. 17
2.4 fakultativ	Interview mit Josef K. im Podcast	GA	• Motivik auf eine pseudoreale Situation übertragen und vertiefen • Empathie entwickeln	ARBEITSBLATT 2 ➤ S. 19
HA	Wiederholendes Lesen des 2. Kapitels »Gespräch mit Frau Grubach. Dann Fräulein Bürstner«			*Der Process*, Reclam XL, S. 22–34

2.1 Einstieg: Deutungsoffene Zeichnung von Kafka

UG

VORLAGE 2 ➤ S. 16

Unterrichtsschritt. Die Schülerinnen und Schüler beschreiben und interpretieren im Plenum VORLAGE 2 ***Eine Zeichnung Kafkas***, die – wie sein schriftstellerisches Werk – mehrere Deutungen ermöglicht. (Die Zeichnung ist auch in der Ausgabe *Der Process*, Reclam XL, S. 279, abgebildet.)

VORLAGE 2

Eine Zeichnung Kafkas

Leitfragen:
- Was ist auf dem Bild zu sehen? Beschreiben Sie das Bild möglichst neutral und genau.
- Sitzt oder steht die Person? Welche Haltung hat die Person?
- Welche Dinge zeigen die Striche?

Erläuterungen. Bei der Beschreibung und Interpretation der Zeichnung erkennen die Schülerinnen und Schüler, dass Offensichtliches im Werk Kafkas unwahrscheinlich ist und dass nach weiteren Sichtweisen gesucht werden kann und muss:

Auf dem Original von Kafka ist eine mit wenigen Strichen gezeichnete mehrdeutige Situation zu sehen. Ein Mensch sitzt entweder auf einem Gerüst (Perspektive von oben auf die Figur von vorn) oder steht innerhalb von ihn begrenzenden Gittern (Perspektive von hinten). Im Blick auf den Titel *Der Process* ist insofern an eine Gerichtsschranke und eine angeklagte Person oder einen Zeugen zu denken. Man kann die Zeichnung also als Kippfigur betrachten.

2.2 Vertiefung: Sammlung der Motive

Unterrichtsschritt. Die Schülerinnen und Schüler knüpfen an ihr Vorwissen an (Romankenntnis, literarisches Gespräch, Biografie) und sammeln verschiedene Motive, die ihnen beim nochmaligen Lesen des ersten Kapitels (Reclam XL, S. 7–21) aufgefallen sind. Diese werden – noch ohne Stellenangaben – in TAFELBILD 2 festgehalten. Fehlen Motive, leitet die Lehrkraft im Unterrichtsgespräch darauf hin.

EA / UG

TAFELBILD 2
➤ S. 17

TAFELBILD 2

Frauen/Sexualität 12,26 f. 15,17–21	**Schuld** 12,3–7 12,14–16 16,30–32 17,16–18	**Infragestellen des Normalen, Gewohnten (ungewöhnliche Räumlichkeiten, Bezug zur Malerei)** 15,14–28 16,1–3
Vater 11,17–21, 28 f. 17,18–22 19,21	**<u>Die Motivik</u> des Romans**	**Macht- und Beamtenapparat** 8,36–9,2 9,10–25 12,36–13,4 17,8–11
Persönliche Entwicklung / Das Unbewusste 10,2–24 17,13–16	**(Ir)regulärer Gerichtsprozess** 9,36–10,2 10,32–35 11,15 f. 11,32–12,10 12,28–30 16,33–17,2 17,33–37	**Gott/Religion/ Schicksal/ Sinn** 17,37–18,3

2.3 Beleg unterschiedlicher Motive im ersten Kapitel

EA / UG

TAFELBILD 2

➤ S. 17

Unterrichtsschritt. Aufbauend auf den Beobachtungen aus Unterrichtsschritt 2.2 werden die gesammelten Motive in Einzelarbeit mit passenden Textstellen aus dem ersten Kapitel unterlegt, anschließend im Plenum besprochen und in TAFELBILD 2 gesichert.

Erläuterungen. Die Schülerinnen und Schüler nehmen erste Deutungsversuche vor, indem sie die vermuteten Motive mit geeigneten Textstellen belegen. Es ist dabei nicht notwendig, dass alle in TAFELBILD 2 genannten Stellen identifiziert werden. In den folgenden Unterrichtsstunden werden diese Motive weiterverfolgt und vertieft.

Zusätzlich ist es möglich, die Klasse an dieser Stelle in Gruppen einzuteilen, die im Folgenden jeweils ein Motiv besonders intensiv in den Blick nehmen. Jede Gruppe berichtet während einer Unterrichtsstunde (bei Bedarf) als »Spezialistenteam«, was über »ihr Motiv« aus dem jeweils besprochenen Kapitel herauszulesen ist.

2.4 Interview mit Josef K. im Podcast (fakultativ)

GA

ARBEITSBLATT 2

➤ S. 19

Unterrichtsschritt. In einer neuen Podcast-Folge führen die Schülerinnen und Schüler in ihren Gruppen ein fiktives Interview mit Josef K., der sich zunächst den Zuhörern vorstellt, und anschließend über seine Verhaftung berichtet. Als Hilfestellung für die Interviewtechnik kann ARBEITSBLATT 2 ***Ein Interview führen – Hinweise zum Vorgehen*** herangezogen werden.

Erläuterungen. Das Interview soll einzelne Motive, die im ersten Kapitel genannt wurden, nochmals aufgreifen und den Inhalt vertiefen. Dafür wird Josef K., dessen Perspektive ja der Erzähler im Romanfragment auch einnimmt und der im Podcast von einem Schüler oder einer Schülerin gespielt wird, von den Podcastern befragt. Zur Differenzierung können als Hilfestellung für Schwächere einzelne Antwortmöglichkeiten vorgegeben werden.

Hausaufgabe

In häuslicher Lektüre lesen die Schülerinnen und Schüler wiederholend *Der Process*, Reclam XL, S. 22–34 (»Gespräch mit Frau Grubach. Dann Fräulein Bürstner«).

Der allgemeine Leseauftrag kann gegebenenfalls ergänzt werden um den Auftrag an die ›Motiv-Gruppen‹ (Unterrichtsschritt 2.3), ein besonderes Augenmerk auf das je spezielle Motiv zu haben. Das gilt für die gesamte Unterrichtseinheit.

ARBEITSBLATT 2

Ein Interview führen – Hinweise zum Vorgehen

Einen gelungenen Einstieg formulieren

1. Begrüßung der Zuhörerinnen und Zuhörer
2. Vorstellung des Gastes
3. Formulierung des Ziels und/oder des Anlasses/Grunds für das Interview

Sinnvolle Fragen überlegen, die die Zuhörenden interessieren könnten

Denken Sie hier auch daran, immer wieder nachzufragen und Antworten nicht einfach stehen zu lassen, z. B. durch die Fragen

- Wie meinen Sie das?
- Können Sie das präzisieren?
- Können Sie das nochmals erklären?
- Was glauben Sie: Was sind die Hintergründe?
- Was vermuten Sie: Wie wird es für Sie weitergehen?
- Etc.

Antworten, die auf Inhalten des ersten Kapitels basieren, notieren

Antwortmöglichkeiten:

- Ich verstehe wirklich nicht, warum ich verhaftet worden bin.
- Wer greift da in mein Leben ein?
- Ich bin mir keiner Schuld bewusst.
- Was ist das für ein seltsames Gericht?
- Die Handlanger des Gerichts sind korrupt.
- Das geht doch nicht mit rechten Dingen zu.
- Auf welchen Gesetzen basiert meine Verhaftung?
- Und das im Zimmer von Fräulein Bürstner, die mir eigentlich ganz gut gefällt!
- Ich finde es schon seltsam, dass ich weiterhin zur Arbeit gehen kann.

Passende Schlussworte finden

1. Bedankung
2. Zusammenfassung
3. Ausblick

3 Die Figur des Josef K. charakterisieren

Sachanalyse

Das zweite Kapitel (»Gespräch mit Frau Grubach. Dann Fräulein Bürstner«, Reclam XL, S. 22–34) eignet sich, um die Charakterisierung der Hauptfigur Josef K. zu erarbeiten, da hier seine zentralen Eigenschaften bereits sehr deutlich werden.

Ordnungsliebe. Der sonst so geregelte Wochenablauf des Josef K. (22,3–16) gerät durch den im ersten Kapitel geschilderten Vorfall des Morgens in »eine große Unordnung« (22,22). K. meint, diese in der Wohnung seiner Vermieterin beseitigen zu müssen, um so »die Ordnung wiederher[zu]stellen« und damit gleichzeitig »jede Spur jener Vorfälle« (22,24–26) auszuräumen. Die Ordnungsliebe bezeichnet einen wichtigen Charakterzug Josef K.s, der im Kontrast steht zum eher chaotischen Wesen des Gerichts.

Karriereorientierung. Offenbar war K. vor diesem Morgen ein von vielen geschätzter »erfolgreicher, auf der gesellschaftlichen Leiter aufstrebender Städter«[1]: Der Direktor der Bank lädt ihn zeitweilig zu sich ein (22, 8–12), er wird mit »vielen ehrenden und freundschaftlichen Geburtstagswünschen« (22,18 f.) überhäuft, seine Vermieterin, Frau Grubach, ist für ihn »immer zu sprechen, er wisse sehr gut, dass er ihr bester und liebster Mieter sei« (23,23 f.). Dass dies auch darin begründet ist, dass sie »eine größere Summe von [K.] geliehn« hat (33,3), erfährt man erst später. Aus der Beschreibung von Josef K. »lässt sich ein Idealtypus des modernen Menschen in der Arbeitswelt gleichsam herausdestillieren. Er ist auf Ordnung angelegt und kühl überlegend, wie es seine Tätigkeit erfordert.«[2] Er hat – als aufstrebender Karrierist in der Bank, vom Lande stammend – ein sehr geregeltes Leben mit Stammtisch, regelmäßigem Besuch bei der Prostituierten Elsa, und er ist ein »angesehener Bürger in der Stadt.«[3]

Vordergründige Moral. Hieraus wird jedoch die Doppelmoral K.s sowie des Bürgertums ersichtlich: Sein organisiertes und nach außen so perfekt scheinendes Leben ist eine Fassade, die in seinem Umfeld gut ankommt. Frau Grubach etwa empfindet die Verhaftung K.s als »etwas Gelehrtes«, nicht so wie »[w]enn man wie ein Dieb verhaftet wird« (24,22–24). In ihren Augen kann er nicht einmal durch die Verhaftung an Wert verlieren.

Schuldleugnung. Josef K.s eigentlicher Charakter wird allerdings bereits in seinem Warten auf Fräulein Bürstner deutlich, als er ihr, die davon nichts weiß, die Schuld an seinem verpassten Abendessen und dem Elsa-Besuch zuschiebt. »Befremdend ist, wie leichtfertig Josef K. einer Person die Schuld an Dingen zuschreibt«.[4] Hier wird wieder ein Bezug zum Motiv der Schuld hergestellt: K. fühlt sich selbst schuldlos, beschuldigt aber andere, die objektiv gesehen keine Schuld haben.

Als Fräulein Bürstner eintrifft, bittet er sie umständlich um Entschuldigung für die morgendlichen Vorfälle. K. geht es letztlich jedoch weniger um die Entschuldigung für die Vorfälle als darum, auch von Fräulein Bürstner eine Einschätzung bezüglich seiner Unschuld zu erhalten (Fräulein Bürstner als Instanz, die ihn ›ent-schuldigen‹, ihn also von Schuld befreien kann.), sowie darum, diese »nachträglich zur Zeugin der Verhaftung [zu machen], indem er ihr vorspielt, was sich in ihrem Zimmer ereignet hat«[5], und vielleicht auch – wie es Fräulein Bürstner empfindet – um einen Vorwand, sie in ihrem Zimmer aufzusuchen (vgl. 33,24–28), woraufhin sie ihn verabschieden möchte.

Egoismus und Ignoranz gegenüber Frauen. K. lässt sich jedoch nicht so einfach »abschütteln« und küsst Fräulein Bürstner im Vorraum, ohne die für sie daraus möglicherweise resultierenden Konsequenzen zu bedenken (vgl. 34,7–12), und lädt damit erneut Schuld auf sich. Bis zum Ende des Romanfragments bleibt der Vorfall mit dem Kuss zwischen Josef K. und Fräulein Bürstner – wie die fast schon intim zu nennenden Briefe zwischen Kafka und Grete Bloch – geheim.[6] Insofern sind hier also auch biografische Parallelen zu erkennen. Und wie auch Kafka[7] scheint Josef K. ein eher problematisches Verhältnis zu Frauen zu haben: Zwar besucht er die Prostituierte Elsa, die er in gewisser Weise auch als seine Freundin zu betrachten scheint, doch ist er auch sehr anfällig gegenüber den weiteren auftretenden Frauengestalten.

1 Ralf R. Nicolai, *Kafkas »Prozess«. Motive und Gestalten*, Würzburg 1986, S. 9.
2 Ritchie Robertson, *Franz Kafka. Leben und Schreiben*, Darmstadt 2009, S. 105.
3 Hans Dieter Zimmermann, *Kafka für Fortgeschrittene*, München 2004, S. 115.
4 Nicolai (Anm. 1), S. 37.
5 Klaus-Detlef Müller, *Franz Kafka. Romane*, Berlin 2007, S. 68.
6 Elias Canetti, *Der andere Prozeß. Kafkas Briefe an Felice*, München 1969, S. 72.
7 Vgl. Robertson (Anm. 2), S. 22.

Unterrichtsverlauf

Überblick. Die Schülerinnen und Schüler charakterisieren Josef K. Sie erfassen seine Persönlichkeitsmerkmale und das für ihn typische Handeln und Verhalten, besonders gegenüber den Frauengestalten.

! Verkürzter Verlauf: 3.1 – 3.2 – 3.3

Phase	Thema	Sozialform	Kompetenzen und Lernziele	Materialien
Voraussetzungen: Textkenntnis bis S. 34				
3.1	Einstieg: Blitzlicht zu Eindrücken zur Figur des Josef K.	UG	• Charakterzüge nennen • Vorwissen aktivieren	TAFELBILD 3 ➤ S. 22
3.2	Die Figur des Josef K. und sein Verhältnis zu Frauen	PA / UG	• Charakterzüge erschließen und belegen • Fremdverstehen entwickeln • Übertragungsmöglichkeit in eine reale Situation erkennen	TAFELBILD 3 ➤ S. 22 ARBEITSBLATT 3a ➤ S. 24 ARBEITSBLATT 3b ➤ S. 25 f.
3.3	Vertiefung: Verfassen eines psychologischen Gerichtsgutachtens	PA / UG	• Literarisches Wissen vertiefen • Bezug zur Realität erfassen • Verständnis für Handlungsweisen gewinnen	ARBEITSBLATT 3c ➤ S. 27
3.4 fakultativ	Interviews zur Einschätzung der Person des Josef K. im Podcast	GA	• Interviewtechnik vertiefen • Charakterwahrnehmung verdeutlichen • Empathiefähigkeit ausbauen	
HA	Wiederholendes Lesen des 3. Kapitels »Erste Untersuchung«, ggf. Fertigstellung des Gerichtsgutachtens			*Der Process*, Reclam XL, S. 35–50

3.1 Einstieg: Blitzlicht zu Eindrücken zur Figur des Josef K.

Unterrichtsschritt. Zum Einstieg erfolgt mit einer Anknüpfung an die letzte Stunde gleichzeitig der Einstieg ins neue Thema, indem die Schülerinnen und Schüler ihre Eindrücke, die sie aus dem ersten Kapitel über Josef K. gewonnen haben, in einem Blitzlicht sammeln. Das TAFELBILD 3 zeigt mögliche Antworten. Sie müssen nicht vollständig sein. UG TAFELBILD 3 ➤ S. 22

Leitfragen:
- Welche Eindrücke haben Sie von der Person des Josef K. aus dem ersten Kapitel gewonnen?
- Wie ist Josef K.?
- Was haben Sie über ihn erfahren?

Erläuterungen zur Methode: Ein Blitzlicht ist eine Schnellumfrage zu einer bestimmten Thematik. Die Schülerinnen und Schüler werden mit den Leitfragen befragt. Dabei sollte jeder sehr knapp in maximal einem Satz oder einem Stichwort eine Antwort finden. Gegebenenfalls können sich die Antworten auch doppeln. Das aus den Antworten entstehende TAFELBILD 3 wird mit Textbelegen gefüttert. Es kann während der gesamten Unterrichtsstunde durch hinzukommende Charakteristika vervollständigt werden.

PA / UG

TAFELBILD 3 ➤ S. 22 ARBEITSBLATT 3a ➤ S. 24 ARBEITSBLATT 3b ➤ S. 25 f.

3.2 Die Figur des Josef K. und sein Verhältnis zu Frauen

Unterrichtsschritt. Die Schülerinnen und Schüler schlüpfen in die Rolle von Psychologen und erstellen ein Charakterprofil von Josef K. in Partnerarbeit. Dafür werden in einem ersten Schritt sein Verhalten sowie seine Aussagen im zweiten Kapitel »Gespräch mit Frau Grubach. Dann Fräulein Bürstner« (Reclam XL, S. 22–

TAFELBILD 3

Die Figur des Josef K.

Ist von den Vorgängen irritiert (9,35–37; 16,6 f.)

Nimmt Dinge für gewöhnlich auf die leichte Schulter (10,2–5)

Lernt nicht aus Erfahrungen (10,18 f.)

Hohe Stellung in der Bank (13,24 f.)

30 Jahre alt (16,15)

Ohne Familie (16,16 f.)

Pflichtbewusst (21,5 f.)

Will Klarheit (9,28)

Sachlich, glaubt sich im Recht (11,14–16)

Nicht lebensmüde (13,31–14,3)

Kognitiv orientiert: Versucht, den Fall durch Argumente zu klären (16,19–32)

Trotzig (18,10; 19,21)

Selbstbewusst (z. B. 8,8–10; 18,34–19,5)

Ordentlich (10,29 f.)

Manipulativ (12,10–12)

Überheblich (12,20–24)

Hat einen gewissen Wohlstand (15,3 f.)

Ist empört über das Verhalten von ihm ›Unterlegenen‹ (17,23–27)

Verfügt über Beziehungen (17,33 f.)

Perfektionistisch (21,23–25)

Liebt Genuss (13,17–22; 14,9)

34) analysiert und interpretiert. Die Schülerinnen und Schüler erarbeiten dann arbeitsteilig, an welchen Stellen in Kapitel 1 und 2 Charaktermerkmale von Josef K. zutage treten. Diese werden auf ARBEITSBLATT 3a ***Charakterzüge K.s zusammenstellen*** gesammelt, zunächst in Partnerarbeit und dann im Plenum besprochen. Im Anschluss daran wird ARBEITSBLATT 3b ***Psychogramm (Charakterprofil) nach den »Big Five«***, das die Anfertigung eines Psychogramms zu Josef K. verlangt, in Partnerarbeit bearbeitet und im Klassenverband vorgestellt und erläutert.

Erläuterungen. Durch die Rollenübernahme wird die für Schülerinnen und Schüler oft eher mühevolle Textarbeit sinnreich. Die Schülerinnen und Schüler erkennen, dass aus dem Text psychologische Rückschlüsse auf Handlungsweisen von Figuren gezogen werden können, die für eine Deutung des Gesamtgefüges eines literarischen Textes wichtig sind.

Mögliche Antworten zu ARBEITSBLATT 3a, Arbeitsauftrag 1:

- Führt ein geregeltes Leben: Er besucht nach einem Spaziergang täglich einen Stammtisch mit älteren Bekannten bis 23 Uhr (22,5–8)
- Fleißig und vertrauenswürdig: Sein Chef schätzt ihn wegen seiner »Arbeitskraft und Vertrauenswürdigkeit« (22,10 f.)
- Besucht einmal pro Woche Kellnerin Elsa, die »während des Tages nur vom Bett aus Besuche empfing« (22,15 f.)
- Ordentlich: Durch den morgendlichen Besuch ist sein Leben in »Unordnung« geraten (22,22–27) ➤ durch Ordnung wird das geregelte Leben wiederhergestellt und der Vorfall vergessen; er ärgert sich über das späte Nachhausekommen von Fräulein Bürstner, da das »noch in den Abschluss dieses Tages Unruhe und Unordnung brachte« (27,31 f.)
- Misstrauisch (23,3–16)
- Zuverlässig ➤ »bester und liebster Mieter« (23,23 f.)

- Glaubt, dass er, wenn er seine reguläre Ordnung beibehalten hätte bzw. auf die Verhaftung vorbereitet gewesen wäre, nicht verhaftet worden wäre bzw. dass die Versuche dazu im Keim erstickt worden wären (24,23–25,4)

Mögliche Antworten zu ARBEITSBLATT 3a, Arbeitsauftrag 2:

- Besucht einmal pro Woche Kellnerin Elsa, die »während des Tages nur vom Bett aus Besuche empfing« (22,15 f.) ➤ geregelter Wochenablauf selbst im »Liebesleben«
- »Frauenhände bringen doch im Stillen viel fertig« (23,27 f.) ➤ Bewunderer der Frauen
- Hat sich bislang kaum um seine Vermieterin gekümmert ➤ sie erklärt ihm, was sie den ganzen Tag macht (23,33–35) ➤ oberflächlich, wenig empathisch
- Frau Grubach mag ihn sehr (24,17–19) ➤ gute Außenwirkung
- Unsicher gegenüber Frau Grubach, ob sie ihm die Hand reicht (25,18–22) ➤ innerlich unsicher, klein
- Überheblich, als sie anders reagiert als gewünscht (25,27 f.) ➤ unsicher, überheblich
- Wütend im Hinblick auf die Anschuldigungen Frau Grubachs gegenüber Fräulein Bürstner; nimmt diese in Schutz (26,26–34) ➤ gibt anderen Schuld für sein Verhalten
- Frau Grubach will die Pension »rein […] erhalten« (27,3), was K. noch mehr erzürnt (27,4–6) ➤ sieht die eigenen Fehler nur bei anderen, nicht bei sich selbst
- Will unbedingt mit Fräulein Bürstner reden, obwohl er »kein besonderes Verlangen nach ihr« hat (27,27–32) ➤ er ist sich selbst über seine Beweggründe nicht klar
- Gibt ihr die Schuld daran, bestimmte Dinge nicht erledigt zu haben, weil er auf sie wartete, obwohl sie das nicht wissen kann (27,32–34) ➤ weist anderen unberechtigt Schuld zu

3.3 Vertiefung: Verfassen eines psychologischen Gerichtsgutachtens

PA / UG

Unterrichtsschritt. Die Schülerinnen und Schüler sind weiterhin in ihrer Rolle als Gerichtspsychologen und verfassen im Zweierteam für Josef K. ein gerichtliches Gutachten über seinen Charakter als Angeklagter. Zunächst informieren sie sich mit ARBEITSBLATT 3c ***Planung Gerichtsgutachten*** über die Anforderungen eines solchen Gutachtens und planen dann auf dem Blatt ihr Gutachten unter Einbezug ihrer vorher erarbeiteten Kenntnisse. In einem letzten Schritt verfassen sie das Schriftstück. Einzelne Ergebnisse werden im Plenum vorgetragen.

ARBEITSBLATT 3c
➤ S. 27

Erläuterungen. Das Verfassen des gerichtlichen Gutachtens festigt das vorher Erarbeitete und schafft nochmals einen Bezug zur außerliterarischen Realität. Sollte die Zeit für die Fertigstellung des Gerichtsgutachtens im Unterricht knapp werden, kann diese zu Hause erfolgen.

3.4 Interviews zur Einschätzung der Person des Josef K. im Podcast (fakultativ)

GA

Unterrichtsschritt. Die Schülerinnen und Schüler führen in ihrer Gruppe für ihren Podcast Interviews durch, entweder mit den drei weiblichen Figuren Frau Grubach, Fräulein Bürstner und Elsa über deren Verhältnis zu Josef K. oder mit von ihnen frei erfundenen Psychologen über dessen Verhalten im Kapitel »Gespräch mit Frau Grubach. Dann Fräulein Bürstner«.

Erläuterungen. Die bereits aus der vorherigen Unterrichtsstunde bekannte Technik des Interviewführens wird nun auf die drei Frauengestalten oder erfundene Psychologen in Kafkas Romanfragment ausgedehnt. Dadurch wird die Person des Josef K. in ihrer Tiefe noch deutlicher erfasst.

Hausaufgabe

In häuslicher Lektüre lesen die Schülerinnen und Schüler wiederholend *Der Process*, Reclam XL, S. 35–50 (»Erste Untersuchung«). Gegebenenfalls wird das Gerichtsgutachten (Unterrichtsschritt 3.3) vervollständigt.

ARBEITSBLATT 3a

Charakterzüge K.s zusammenstellen

Arbeitsauftrag:

Sie schlüpfen gemeinsam mit einem Partner bzw. einer Partnerin in die Rolle von Gerichtspsychologen, die Josef K. im Hinblick auf seine Charakterzüge einschätzen sollen, als Grundlage für die Gerichtsverhandlung und ein zu erstellendes psychologisches Gutachten. Zunächst bearbeitet jeder eine eigene Aufgabe:

1. Eine/r übernimmt die Aufgabe, aus dem zweiten Kapitel »Gespräch mit Frau Grubach / Dann Fräulein Bürstner« (Reclam XL, S. 22–34) allgemeine Charakteraussagen aus bestimmten Verhaltensweisen und Aussagen von Josef K. oder anderen über ihn abzuleiten.
2. Der/die andere hat die Aufgabe, im gleichen Kapitel das Verhalten von Josef K. im Hinblick auf seine Beziehung zu den im Kapitel vorkommenden Frauen zu beleuchten.

Notieren Sie beide Ihre jeweiligen Ergebnisse in der Tabelle und erläutern Sie diese im Anschluss Ihrem Partner bzw. Ihrer Partnerin, so dass Sie ein Gesamtbild über den Charakter von Josef K. erhalten.

Charaktereigenschaft	**Textbeleg** (Zitat oder eigene Worte)	**Seite/Zeile**

Psychogramm (Charakterprofil) nach den *Big Five*

Die gesamten Charaktereigenschaften machen die Persönlichkeit eines Menschen aus. Bis zum Alter von etwa 30 Jahren entwickeln und ändern sich die Charaktereigenschaften noch; danach tritt eine relative Stabilität ein, wobei sich dennoch kleinere Veränderungen weiterhin ergeben.

Bereits 1936 entstand aus Überlegungen der beiden Psychologen Gordon Allport und Henry Odbert das *Big Five*-Modell, das eine Grobeinteilung der menschlichen Persönlichkeitsmerkmale darstellt. Dieses Modell bietet bis heute eine Grundlage für die Beurteilung der menschlichen Persönlichkeit.

Psychologen nutzen dieses Modell, um den Charakter einer Person zu beschreiben, auch für Gerichtsverfahren. Die fünf Persönlichkeitsmerkmale werden in Skalen von *stark ausgeprägt* bis *schwach ausgeprägt* bewertet. Je nach Zuteilung entsteht das für eine Person typische Charakterprofil. In der Tabelle (siehe Informationsblatt) finden sich die Persönlichkeitsmerkmale sowie die dazugehörigen Ausprägungen.

Arbeitsaufträge:

1. Informieren Sie sich anhand der Informationen zu den *Big Five* über die fünf Persönlichkeitsmerkmale.
2. Schätzen Sie Josef K. auf den folgenden Skalen ein, indem Sie die Ihrer Meinung nach passende Stelle in der Skala ankreuzen. Unterfüttern Sie Ihre Aussage mit Textbelegen.
3. Vergleichen Sie Ihre Skalen mit denen anderer Schülerinnen und Schüler.
4. Zusatzaufgabe: Schätzen Sie sich selbst auf den Skalen ein und vergleichen Sie sich mit Josef K.

Offenheit

Gewissenhaftigkeit

Extraversion

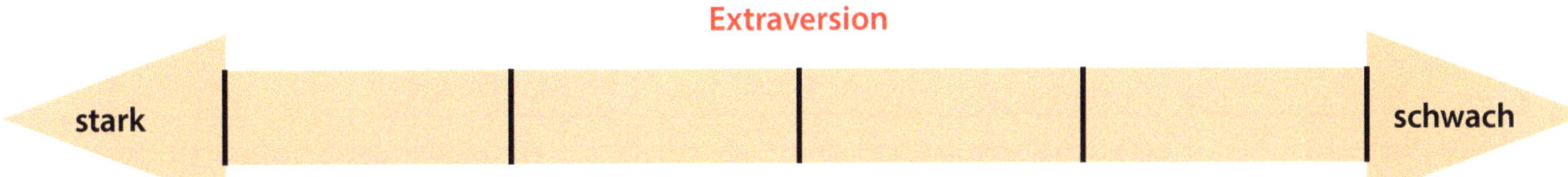

Verträglichkeit

Neurotizismus

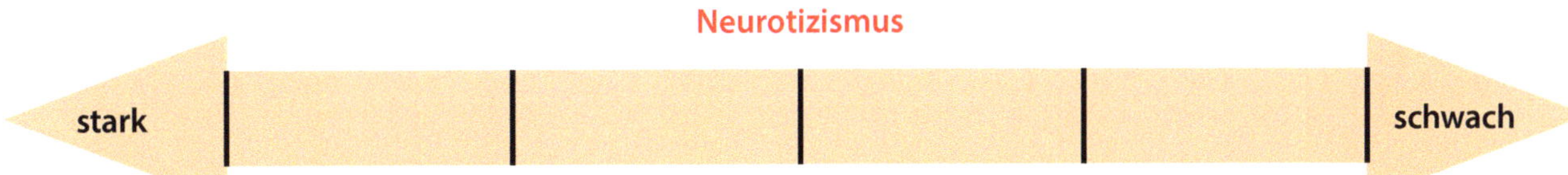

Informationen zu den *Big Five*

Persönlichkeitsmerkmale	Stark ausgeprägt	Schwach ausgeprägt
Offenheit (Aufgeschlossenheit)	Interesse an fremden Kulturen, fantasievoll, neugierig, erfinderisch, wissbegierig, experimentierfreudig, aufgeschlossen, will Aufregung, Abwechslung, Gefühle werden deutlich wahrgenommen, Mut, Abenteuerlust, Veränderungsbereitschaft	orientiert an Konventionen, eher auf eine Sache konzentriert, vorsichtig, traditionell, hält gern am Bewährten fest, bodenständig, Gefühle werden wenig wahrgenommen, Neues und Risiken werden gemieden, Sicherheitsbedürfnis
Gewissenhaftigkeit (Perfektionismus)	organisiert, durchgeplant, strukturiert, gewissenhaft, diszipliniert, hat Durchhaltevermögen, ehrgeizig, leistungsbereit, zuverlässig, perfektionistisch, verantwortungsbewusst, sorgfältig, engagiert, ordentlich, beharrlich, aufrichtig	sorglos, unvorsichtig, nachlässig, vergesslich, leichtsinnig, sprunghaft, meidet Verantwortung, lebt in den Tag hinein, chaotisch, wenig Selbstkontrolle, leicht abzulenken, macht sich keinen Druck
Extraversion (Geselligkeit)	gesprächig, begeistert andere, ist aktiv, gesellig, Kontaktfreude, Spaßorientierung, ist spontan, aber auch durchsetzungsfähig, energisch, optimistisch, keine Berührungsängste, herzlich, Selbstdarstellung	zieht sich eher zurück, ist gern für sich, ruhig, arbeitet lieber für sich, schweigsam, auf sich selbst bezogen, still, wirkt reserviert, mit der Innenwelt beschäftigt, guter Zuhörer, Scheu vor der Umwelt
Verträglichkeit (Rücksichtnahme)	kooperativ, freundlich, warmherzig, hilfsbereit, mitfühlend, großherzig, harmoniebedürftig, rücksichtsvoll, friedliebend, kooperativ, teamfähig, verständnisvoll, nachgiebig, großzügig, geduldig, Empathie, wohlwollend, anpassungsfähig, selbstlos	streitsüchtig, kühl, distanziert, aggressiv, misstrauisch, schroff, wenig entgegenkommend, mehr auf sich bedacht, wettbewerbsbezogen, will den eigenen Kopf durchsetzen, keine Angst vor Konfrontation, eigene Zufriedenheit an oberster Stelle, starkes Durchsetzungsvermögen, stur aufbrausend, egoistisch, intolerant
Neurotizismus (emotionale Labilität, Verletzlichkeit)	emotional wenig stabil, ängstlich, nervös, labil, hohe Kränkbarkeit, hat Schuldgefühle, Selbstmitleid, schnell besorgt, neurotische Anwandlungen, panische Gedanken, Selbstzweifel, Sorgen um Zukunft, anfällig für Phobien, Zwangsstörungen und Depressionen	emotional stabil, entspannt, gelassen, zufrieden, ungezwungen, selbstsicher, schwer aus der Ruhe zu bringen, Gefühlskontrolle, kritikfähig, gefestigte Persönlichkeit, unempfindlich gegenüber äußeren Einflüssen

ARBEITSBLATT 3c

Planung Gerichtsgutachten

Vorgaben eines Gutachtens	Konkrete Umsetzung
Formalitäten (Name, Adresse von Begutachtetem und Gutachterinnen, Aktenzeichen)	
Nennung des Auftrags und der Parteien	
Art der Durchführung (z. B. Befragung, Beobachtung etc.)	
Dokumentation der Sachlage (Sachverhalt, Informationsunterlagen, -quellen)	
Fachliche Untersuchung mit Schlussfolgerungen (Untersuchungsmethode, Erläuterung von Fachbegriffen)	
Zusammenfassung und Resümee (Wiederholung des Auftrags, Ergebnisse)	
Abschluss mit Unterschrift und Datum	

4 Motive aus Expressionismus, Surrealismus und Tiefenpsychologie erarbeiten

Sachanalyse

Bei der Besprechung des 3. Kapitels (»Erste Untersuchung«, Reclam XL, S. 35–50) lassen sich zeit-, wissenschafts- und kunsthistorische Hintergründe von Kafkas Werk erarbeiten.

Surreales Erleben in Zeit, Räumlichkeiten und Tätigkeiten. Der Termin für die erste Untersuchung von K.s Fall ist an einem Sonntag. Als Alternative erwogen wird die »Nacht« (35,18). Nicht nur die Zeit, sondern auch der Ort ist ungewöhnlich. Es tritt – das ist auch sonst in Kafkas Werk zu beobachten – die »chiastische Verrückung der Territorien, besonders des Intimen und des Offiziellen«[1] zutage: Der Ort, an »dem er sich einfinden solle, [...] war ein Haus in einer entlegenen Vorstadtstraße« (35,23 f.), der »Juliusstraße« (37,30), die aus »einförmige[n] Häuser[n], hohe[n] graue[n] von armen Leuten bewohnte[n] Mietshäuser[n]« (37,32 f.) besteht. Nach der sehr detaillierten Beschreibung einzelner Tätigkeiten von Menschen, die K. auf dem Weg sieht, geht diese über in die einer surrealen Welt von unterschiedlichen Treppenhäusern. Die Treppenhäuser und Dachböden der Vorstadt ähneln Labyrinthen, die Wege sind für ›Nicht-Eingeweihte‹ schwierig zu finden. All das erinnert an surreale Gemälde, die Logik und Rationalität auf den Kopf stellen.

K.s Überlegung, wohin er gehen solle, bezieht sich auf den Ausspruch eines Wächters, »dass das Gericht von der Schuld angezogen werde, woraus eigentlich folgte, dass das Untersuchungszimmer an der Treppe liegen musste, die K. zufällig wählte« (39,6–8). Ursache und Wirkung sind auch hier nicht logisch aufeinander bezogen, entziehen sich einer verstandesgemäßen Argumentation, sondern der Zufall ist handlungsleitend und zielführend.

Da es K. peinlich ist, nach dem Untersuchungsraum zu fragen, »erfand er einen Tischler Lanz« (39,22), um in die einzelnen Wohnungen sehen zu können. Die folgende Beschreibung mutet wiederum surreal an in ihrer bildlichen Darstellung. Gezeigt werden die verschiedenen Tätigkeiten der armen Leute in ihren Zimmern (39,26–40,27), während K. von den Leuten hilfsbereit durch das Haus geleitet wird. »Kafka entnimmt die Mittel, mit denen er seine phantastische Realität darstellt, wiederum dem Alltag, was die Unterscheidung zwischen den beiden Bereichen dem Leser erschwert; doch gerade diese Irritation ist reizvoll.«[2] Als K. bereits leicht erzürnt aufgeben möchte, hat er schließlich mit seiner Frage Erfolg, und eine Frau zeigt ihm den Weg ins Nebenzimmer. Auch hier wird ein Eindruck der Surrealität erzeugt: Die Frau antwortet auf seine Frage nach »Tischler Lanz«, als hätte K. nach dem Untersuchungszimmer gefragt (vgl. 40,23–41,4).

Anklänge an Freuds Psychoanalyse. Immer wieder tauchen Kinder in den surrealen Szenen auf, die für den Bezug des Unbewussten zur Kindheit, die besonders intensive Aufnahme lebensprägender Erfahrungen in jener Zeit stehen und die ein Hinweis sein können auf Kafkas Beschäftigung mit der Tiefenpsychologie Freuds: Ein »kleiner rotbäckiger Junge« (41,10) führt K. durch die Menge und bringt ihn zu einem Podium mit dem Richter am anderen Ende des Raumes. In der Art einer Komödie – der Vereinigung von Lachen als Lustgewinn und Spannungsabbau gemäß Freuds Es und der Moral sowie des Wertebewusstseins des Über-Ichs – erfolgt der Dialog zwischen K. und dem Untersuchungsrichter. K. verteidigt sich selbst, nachdem ihm der Untersuchungsrichter den falschen Beruf zugesprochen hatte, und diskutiert, ob es sich überhaupt um ein Verfahren gegen ihn handle (vgl. 43,31–44,1). Spätestens an dieser Stelle wird deutlich, dass es hier um keinen realen Prozess geht, sondern dass das Gericht – so eine Interpretation in Bezug auf Anklänge Freuds in Kafkas Werk – »ein Teil von Josef K.« ist. Es gehe »um nichts anderes als das halbbewußte Bemühen, introspektiv Antworten zu finden, die das ›Essentielle‹ betreffen, dessen Repräsentant das Gericht ist.«[3]

Expressionistische Bezüge. K. ist davon überzeugt, dass hinter Verhaftungen wie in seinem Fall, hinter dem Ganzen »eine große Organisation sich befindet. Eine Organisation, die nicht nur bestechliche Wächter, läppische Aufseher und Untersuchungsrichter [...] beschäftigt, sondern die weiterhin jedenfalls eine Richterschaft hohen und höchsten Grades unterhält mit dem zahllosen unumgänglichen Gefolge von Dienern, Schreibern, Gendarmen und andern Hilfskräften, vielleicht sogar Henkern, ich scheue vor dem

1 Klaus Jeziorkowski, »Das Bett«, in: Hans Dieter Zimmermann (Hrsg.), *Nach erneuter Lektüre. Franz Kafkas »Der Proceß«*, Würzburg 1992, S. 99.

2 Hans Dieter Zimmermann, *Kafka für Fortgeschrittene*, München 2004, S. 116.

3 Ralf R. Nicolai, *Kafkas »Prozess«. Motive und Gestalten*, Würzburg 1986, S. 46.

Wort nicht zurück« (48,19–27) – eine beiläufige Vorausdeutung auf sein Ende. Dieser Organisation wirft er vor, »dass unschuldige Personen verhaftet und gegen sie ein sinnloses und meistens wie in meinem Fall ergebnisloses Verfahren eingeleitet wird.« (48,28–30) K.s Anschuldigungen gegen unredliche gesellschaftliche und politische Machtmechanismen zeigen deutlich expressionistische Bezüge. Seine ernste Rede wird unterbrochen von der Frau, die ihn in die Räumlichkeiten eingelassen hatte, und einem Mann, die beide in surreal-expressiver Verzerrung Ernst und Traumbild in Verbindung bringen. Auch die folgende Schilderung des Publikums ist wie aus einem expressionistischen Gemälde entnommen: »Kleine schwarze Äuglein huschten hin und her, die Wangen hingen herab, wie bei Versoffenen, die langen Bärte waren steif und schütter und griff man in sie, so war es als bilde man bloß Krallen, nicht als griffe man in Bärte.« (49,34–37) Unter den Bärten erkennt K. plötzlich bei allen »Abzeichen in verschiedener Größe und Farbe« (50,2 f.), auch beim Untersuchungsrichter. K. sieht in ihnen die »korrupte Bande« (50,10), gegen die er protestiert hat.

Abkehr vom Realismus. Mit dieser komödiantisch wirkenden Verzerrung der Wirklichkeit steht Kafka dem Expressionismus nah und ist ein Vorläufer des Surrealismus. Er kehrt sich deutlich vom Realismus ab: »[D]as Vertrauen in die Zuverlässigkeit des Sehens schwindet. Es gibt nicht weiterhin eine feste Realität außerhalb unseres Selbst, [...]. Es gibt lediglich Versionen der Realität; die allerdings müssen keineswegs immer der Wahrheit des Seins entsprechen [...].«[4]

4 Ritchie Robertson, *Franz Kafka. Leben und Schreiben*, aus dem Engl. von Josef Billen, Darmstadt 2009, S. 44.

Unterrichtsverlauf

Überblick. Die Schülerinnen und Schüler erarbeiten sich zeit-, literatur- und kunsthistorische Hintergründe von Kafkas Werk. ! **Verkürzter Verlauf: 4.1 – 4.2 – 4.3**

Phase	Thema	Sozialform	Kompetenzen und Lernziele	Materialien
Voraussetzungen: Textkenntnis bis S. 50				
4.1	Einstieg: Bild eines Treppenhauses	UG	• Die surreale Traumwelt visuell wahrnehmen • Ein Bild beschreiben und deuten • Den Bezug von Bild und Kapitel erkennen	VORLAGE 4a ➤ S. 30
4.2	Motivische Aufarbeitung des Kapitels	PA / UG	• Motive im Kapitel selbstständig finden • Inhalte des Kapitels wiederholen	
4.3	Hintergründe der Motive	GA	• Historische Hintergründe verstehen • Verständliche Erklärungen geben	ARBEITSBLATT 4 ➤ S. 34–37
4.4 **fakultativ**	Komödienmerkmale im Kapitel	PA / UG	• Humorvolle Darstellung erfassen • Bezug zur Komödie herstellen	VORLAGE 4b ➤ S. 32
4.5 **fakultativ**	Lyrische oder zeichnerische Umsetzung und Verarbeitung im Podcast	EA / GA	• Textverständnis und Kreativität entwickeln • Motive in eine andere Kunstform umsetzen • Kunst im Podcast besprechen	ARBEITSBLATT 4 ➤ S. 34–37
HA	Wiederholendes Lesen des 4. Kapitels »Im leeren Sitzungssaal. Der Student. Die Kanzleien«			*Der Process*, Reclam XL, S. 51–74

4.1 Einstieg: Bild eines Treppenhauses

UG

Unterrichtsschritt. Die Schülerinnen und Schüler beschreiben und interpretieren das Bild auf VORLAGE 4a *Escher-Treppen*.

VORLAGE 4a
➤ S. 30

Erläuterungen. Das an Kafkas Beschreibung der Treppen im dritten Kapitel erinnernde Motiv der den Betrachter verwirrenden sogenannten Escher-Treppen (nach der Lithographie des Künstlers M. C. Escher, *Relativität*, von 1953) lässt die Schülerinnen und Schülern einen Bezug zur surrealen Traumwelt in Kafkas *Process* finden.

VORLAGE 4a

Escher-Treppen

Escher-Treppen. – © iStockphoto.com/billyfoto.

Ob Escher die Szene aus Kafkas *Process* kannte, als er sein Bild *Relativität* konstruierte (vgl. https://en.wikipedia.org/wiki/Relativity_(M._C._Escher), dem die **VORLAGE 4a** nachempfunden ist), ist nicht bekannt. Allerdings wecken die verschiedenen Treppen in Kafkas Beschreibung des Ortes der »ersten Untersuchung« sofort Assoziationen zu den unendlichen und verwirrenden Escher-Treppen. Diese scheinen auf den ersten Blick nicht zum Ziel zu führen, ja sogar irreal zu sein, ein Nachbau des originalen Escher-Bildes jedoch zeigt, dass die Konstruktion in der dargestellten Weise sehr wohl möglich ist (vgl. z. B. als Legomodell: www.andrewlipson.com/escher/relativity-1600.jpg, Stand: 12.5.2023). Was im Vergleich zum Escher-Bild unmöglich ist, ist die Ausrichtung der jeweiligen Figuren, die von der Schwerkraft in unterschiedlichen Richtungen gehalten zu sein scheinen. So wird etwa eine Treppe gleichzeitig von unten wie oben betreten. Die dargestellten Personen gehen unterschiedlichen Tätigkeiten nach, fast alle jedoch befinden sich auf den Treppen oder in den an Ausgängen sichtbaren Gärten. Zu sehen sind Personen, die Eimer tragen, eine Kerze, einen Sack, Personen, die ohne etwas zu tragen die Treppe ersteigen oder auf einer Bank oder an einem Tisch sitzen. Außer den nach außen führenden Gärten sind weitere, schmalere Türen zu sehen.

4.2 Motivische Aufarbeitung des Kapitels

Unterrichtsschritt. Die Schülerinnen und Schüler fassen das Kapitel nach der Kugellager-Methode im Innen-/Außenkreis anhand der Themengebiete *Örtlichkeiten*, *K.s Unbewusstes* und *Kritik an Machtstrukturen* zusammen (siehe Leitfragen). Nach dieser ausführlichen ersten Deutungsrunde in Partnerarbeit trifft sich die Klasse im Plenum, um die verschiedenen Motive zu sammeln. PA / UG

Leitfragen mit Impulsen:

1. Allgemein: Welche für Kafka typische Motivik findet sich in dem Kapitel wieder? (Besondere Örtlichkeiten, Hinweise auf das Unbewusste, Kritik an Machtstrukturen.)
2. Zu Örtlichkeiten:
   - Welche Arten von Örtlichkeiten bzw. Räumlichkeiten werden beschrieben? (Vorstadt, Armut, Mietskasernen, Treppen, Dachboden.)
   - Woran erkennt man, dass es sich um kein reguläres Gericht handelt? (Verhandlung am Sonntag, Räumlichkeiten, Versammlung, Kinder.)
   - Wie ist die Wirkung dieser Örtlichkeiten? (Labyrinthe, Verirrung, Traum, Abgrenzung zu K.s bürgerlichem Zuhause in der Pension, Sexualität.)
3. Zu K.s Unbewusstem:
   - Welche Hinweise auf das Unbewusste lassen sich im Kapitel finden? (Kinder, Bedeutung der Herren, Anerkennung des Gerichts durch Josef K. durch das Sich-Einlassen auf dessen Anforderungen.)
4. Zu Machtstrukturen:
   - Auf welche Art wird auch Kritik an Machtstrukturen geübt? (Journal, Rede Josef K.s – Kritik an Umständen der Verhaftung, an Bestechung, an der großen Organisation im Hintergrund, an der Verhaftung Unschuldiger, der Korruption der Beamten.)

Erläuterungen zur Methode: Bei der Kugellager-Methode mit Innen- und Außenkreis stehen sich die Schülerinnen und Schüler in zwei Kreisen gegenüber, so dass jeweils ein Schüler einem anderen direkt ins Gesicht sehen kann. Beide diskutieren einen Themenbereich. Nach einer begrenzten Zeit erfolgt ein Signal und einer der beiden Kreise rotiert zu einer Seite, so dass jeder Schüler nun einem anderen gegenübersteht, mit dem er den Themenbereich bespricht. Dies kann gegebenenfalls wiederholt werden. Anschließend wenden sich die Schüler einem neuen Motiv zu. Die Methode führt in diesem Fall dazu, dass sich die Schülerinnen und Schüler intensiv mit wesentlichen Motiven auseinandersetzen, dabei unterschiedliche Deutungen erkennen und ihre eigene Sichtweise erweitern.

4.3 Hintergründe der Motive

GA

ARBEITSBLATT 4
➤ S. 34–37
Internetzugang

Unterrichtsschritt. Die Schülerinnen und Schüler lesen und erarbeiten arbeitsteilig in einem Gruppenpuzzle Informationen zu den zeit- und literaturgeschichtlichen Hintergründen von Kafkas Werk (ARBEITSBLATT 4 ***Zeit- und literaturgeschichtliche Hintergründe des Romanfragments***, Arbeitsauftrag 1 und 2) und erklären sich diese anschließend gegenseitig.

Erläuterungen zur Methodik. Beim Gruppenpuzzle wird die Klasse in vier etwa gleichstarke Gruppen eingeteilt (Expertengruppe), die sich jeweils über eines der in ARBEITSBLATT 4 beschriebenen Themen ausführlich informieren (Arbeitsauftrag 1) und diese auf Kafkas *Process* beziehen (Arbeitsauftrag 2). Nach der Erarbeitung des eigenen Themas in den Expertengruppen werden die Gruppen neu zusammengesetzt, so dass zu jedem Thema mindestens ein Vertreter in der neuen Gruppe (Stammgruppe) vertreten ist. Innerhalb der Stammgruppen werden nun alle Themen von den Expertinnen und Experten so erklärt, dass alle Schülerinnen und Schüler über das gleiche Wissen verfügen.

4.4 Komödienmerkmale im Kapitel (fakultativ)

PA / UG

VORLAGE 4b
➤ S. 32

Unterrichtsschritt. Die Schülerinnen und Schüler spielen zunächst szenisch im Lesetheater in Zweiergruppen die Rede Josef K.s vor der Versammlung (Reclam XL, 42,15–50,36), bevor sie sich VORLAGE 4b ***Merkmale der Komödie*** zuwenden und im Unterrichtsgespräch Merkmale der Komödie an der Rede von Josef K. festmachen. Ggf. kann ein Bezug zu den zeithistorischen Hintergründen hergestellt werden.

VORLAGE 4b

Merkmale der Komödie

- Das Publikum wird zum Lachen und zum Nachdenken angeregt.
- Hinter der Belustigung steckt Kritik.
- Das Handeln der Figuren wird übertrieben negativ dargestellt.
- Die Figuren wirken lächerlich.
- Menschliche Schwächen werden thematisiert.
- Häufig kommen Intrigen vor.
- Ein positives Ende rundet das Stück ab.

Erläuterungen zur Methode. Das Lesetheater ist eine Methode, bei der der Text szenisch gelesen wird. Dies wird von allen Schülerinnen und Schülern in Partnerarbeit geübt, bevor dann ein oder zwei Paare vor dem Plenum ihre Inszenierung vorspielen. Ein Partner übernimmt die Rolle des K., die andere Partnerin den Untersuchungsrichter, das Plenum die Rolle der Versammlung. Im Anschluss werden am Gespielten die Merkmale der Komödie deutlich gemacht. Durch diesen fakultativen Unterrichtsschritt können den Schülerinnen und Schülern komische Anteile im Werk Kafkas deutlich gemacht werden.

Zu den Merkmalen der Komödie bei Kafka:

- Das Publikum wird zum Lachen und zum Nachdenken angeregt:
  - Die Rede K.s erfolgt auf einem Podium wie auf einer Bühne vor Publikum, dessen Reaktionen werden wiederholt beschrieben (vgl. z. B. 42,18–22; 43,10–14; 43,20–29; 45,3–6).
  - K. führt aus, dass das Verfahren nur ein solches ist, »wenn ich es als solches anerkenne« (43,35–37) und charakterisiert dieses weiterhin als »lüderliches Verfahren« (44,3).
  - K. möchte mit seiner Rede bewirken, dass die Menschen nachdenken (vgl. 45,22–32) – gleich den Lesern.
- Hinter der Belustigung steckt Kritik:
  - K. sieht sich als Vertreter vieler, die ungerecht vom Gericht verfolgt werden (vgl. 45,11–17).
  - Er beschreibt die große »Organisation, die nicht nur bestechliche Wächter, läppische Aufseher und Untersuchungsrichter« (48,20–22) und viele weitere Personen im Dienst habe mit dem Ziel, »dass unschuldige Personen verhaftet und gegen sie ein sinnloses und meistens wie in meinem Fall ergebnisloses Verfahren eingeleitet wird« (48,28–30), was zur »Korruption der Beamtenschaft« (48,32) führe.

- Alle Zuhörer haben die gleichen Abzeichen wie der Untersuchungsrichter und sind »ja alle Beamte wie ich sehe, Ihr seid ja die korrupte Bande, gegen die ich sprach« (50,9–10).

- Das Handeln der Figuren wird übertrieben negativ dargestellt:
  - Auf das extreme Lachen des Publikums (43,12 f.) droht ihnen der Untersuchungsrichter (43,14–19).
  - Die Zuhörer werden in K.s Rede am Ende entlarvt: »Ihr habt Euch hier gedrängt, als Zuhörer und Schnüffler, habt scheinbare Parteien gebildet und eine hat applaudiert um mich zu prüfen« (50,10-12).
- Die Figuren wirken lächerlich:
  - K. ergreift das schmutzig wirkende Heft des Richters nur mit »zwei Fingerspitzen« (44,34), als seien die »fleckigen, gelbrandigen Blätter« (44,28 f.) ekelerregend.
  - K. beschreibt die um ihn stehenden Zuhörer wie Figuren aus einem expressionistischen Bild (49,34–50,3).
- Menschliche Schwächen werden thematisiert:
  - z. B. die anfängliche Verwechslung von K. mit einem »Zimmermaler« (43,8 f.)
  - die Bestechlichkeit der Wärter (46,2–10)
  - Angestellte des Gerichts betasten Gegenstände von Fräulein Bürstner (46,23–27).
- Häufig kommen Intrigen vor:
  - Der Untersuchungsrichter gibt »jemandem in der Menge ein Zeichen« (47,7).
  - Die Zuhörer haben gleiche Abzeichen wie der Untersuchungsrichter (50,3–7).
- Ein positives Ende rundet das Stück ab:
  - K. verlässt den Saal und behält das letzte Wort »›Ihr Lumpen‹, rief er, ›ich schenke Euch alle Verhöre‹« (50,31 f.).

4.5 Lyrische oder zeichnerische Umsetzung und Verarbeitung im Podcast (fakultativ)

EA / GA

Unterrichtsschritt. Zur Vertiefung versuchen sich die Schülerinnen und Schüler selbst als Künstler, indem sie die von Kafka im 3. Kapitel »Erste Untersuchung« erwähnten Motive lyrisch oder malerisch als imaginierte Zeitgenossen Kafkas gestalten. Nach der Ausführung ihrer Werke besprechen sie diese in einer weiteren Podcastfolge (ARBEITSBLATT 4, Arbeitsauftrag 3).

ARBEITSBLATT 4
➤ S. 34–37

Erläuterungen. Die Übertragung der theoretisch erarbeiteten Hintergründe zu Kafkas Werk, die sich in seiner Motivik zeigen, in eine kreative Gestaltung ermöglichen eine intensivere Auseinandersetzung und ein besseres Verständnis. Die entstehenden Werke sollten Merkmale des Expressionismus, Dadaismus oder Surrealismus zeigen.

Hausaufgabe

In häuslicher Lektüre lesen die Schülerinnen und Schüler wiederholend und vorbereitend *Der Process*, Reclam XL, S. 51–74 (»Im leeren Sitzungssaal. Der Student. Die Kanzleien«).

Zeit- und literaturgeschichtliche Hintergründe des Romanfragments

Gruppe 1: Kaiserzeit und Erster Weltkrieg

Zur Entstehungszeit des *Process*, 1914, gehörte Prag, die Heimatstadt Kafkas, zum Gebiet Österreich-Ungarns. Das Kaiserreich hatte in dieser Gestalt als k. u. k. Monarchie Bestand von 1867 bis 1918 und setzte sich aus den heutigen Staatsgebieten von Österreich, Ungarn, Tschechien, der Slowakei, Slowenien, Kroatien, Bosnien-Herzegowina und Teilen von Rumänien, Montenegro, Polen, der Ukraine, Italiens und Serbiens zusammen, die entweder dem österreichischen (kaiserlich) oder dem ungarischen Teil (königlich) zugeordnet waren. Damit war es im Hinblick auf seine Fläche das zweitgrößte Staatsgebiet in Europa. Kaiser Franz Josef I. war das formelle Staatsoberhaupt. Während er darauf achtete, stets das Gleichgewicht zu Ungarn zu halten, wurden die Tschechen, die zum österreichischen Reichsteil gehörten, durchaus in einigem benachteiligt, was z. B. zu Ausschreitungen in Prag im Jahr 1908 gegen die deutsch-österreichische Herrschaft führte.

Nachdem am 28. 6. 1914 Thronfolger Franz Ferdinand und seine Frau von einem Attentäter in Sarajewo erschossen worden waren, kam es zur Julikrise, die direkt in den Ersten Weltkrieg führte. Der deutsche Kaiser Wilhelm II. versicherte dem österreichisch-ungarischen Kaiser, fest an dessen Seite zu stehen, und stellte somit einen »Blankoscheck« der deutschen Unterstützung Österreich-Ungarns aus. Obwohl Serbien ein Ultimatum Österreich-Ungarns zumindest zu einem Teil angenommen hatte – und in völliger Verkennung der weltpolitischen Lage –, empfahlen österreichische Politiker dem Kaiser den Weg in den Krieg. So erfolgte am 28. 7. 1914 die Kriegserklärung an Serbien, was die russische Kriegserklärung zur Folge hatte, da sich Russland als »Beschützer« der slawischen Balkanvölker sah. Somit war für das Deutsche Reich der Bündnisfall gegeben und es erfolgte der Kriegseintritt. Frankreich und Großbritannien, die mit Russland verbündet waren, unterstützten Russland.

Die Bevölkerung in Österreich-Ungarn und im Deutschen Reich empfand den Krieg zunächst größtenteils als willkommenen Aufbruch aus bisherigen verkrusteten und problematischen Strukturen. Bald jedoch wurde deutlich, dass der Krieg nicht schnell vorbei sein würde und dass sich die Probleme durch diesen vervielfachten. Etwa 17 Millionen Menschen verloren in diesem brutalen Krieg ihr Leben. Die grausamen Erlebnisse in den Schützengräben, das Sterben so vieler Menschen und die große Not wurden auch in Literatur und Kunst thematisiert.

Arbeitsaufträge:

1. Lesen Sie die Informationen zu Kaiserzeit und Erstem Weltkrieg. Finden Sie weitere Informationen zu dem Thema im Internet oder in Büchern. Erstellen Sie ein Plakat oder Handout, um andere über die von Ihnen erarbeiteten Inhalte zu informieren.
2. Überlegen Sie, ob und wie sich die Informationen auf Kafka und den *Process* beziehen lassen.

*3. Versetzen Sie sich in die Zeit Franz Kafkas hinein!
Agieren Sie entweder als expressionistische oder surrealistische Lyriker oder Maler und schaffen Sie ein auf Kafkas Kapitel »Erste Untersuchung« basierendes Werk. Die in Ihrer Gruppe entstandenen Werke besprechen Sie im Anschluss an die Gestaltung in einer weiteren Podcastfolge. Berücksichtigen Sie dabei Typika der jeweiligen Kunstform in Ausdruck und Inhalt.

Gruppe 2: Psychoanalyse

Die »Urform« der psychotherapeutischen Behandlung wurde vom Wiener Neurologen Sigmund Freud (1856–1939) um 1890 entwickelt. Er erkannte, dass psychische Schwierigkeiten ihren Ursprung in der Kindheit haben und Ausdruck von verdrängten negativen Erlebnissen sind. Die seelischen Probleme entstehen durch Verdrängung unerfüllter Bedürfnisse in der Kindheit, wenn wichtige Bezugspersonen eines Kindes diesem die für seine Entwicklung notwendigen Beziehungserlebnisse verweigern. Somit können emotionale Erlebnisse nicht sinnvoll verarbeitet werden und bestimmen als traumatische Erfahrung das gesamte weitere Leben.

Heilung geschieht nach Freud durch die Erinnerung im Gespräch, also die Zurückverfolgung der Probleme zu ihren Ursachen. Der Therapeut regt den Patienten dazu an, über sein Leben zu reflektieren, bis innere Konflikte und unbewusste Motive aufgedeckt werden können, so dass ein selbstbestimmtes Leben ermöglicht wird. Wenn unbewusste Motive aufgedeckt werden, können neue Wege beschritten werden, so dass die Probleme beseitigt werden können. Der Psychoanalytiker hört dem Patienten aufmerksam zu bei dessen Reflexionen über seinen Lebensweg und spiegelt die in ihm auftauchenden Gedanken und Gefühle.

Freud unterscheidet verschiedene Bewusstseinsarten, nämlich das Unbewusste, das Vorbewusste und das Bewusste. Unbewusst sind unerlaubte Wünsche und negative Erinnerungen, vorbewusst sind Erinnerungen, die bewusst werden können durch Aufmerksamkeitsfokussierung darauf, und im Bewusstsein schließlich sind die Gedanken.

Die Psyche unterteilt Freud in drei widerstreitende Kräfte innerhalb der Persönlichkeit: Das *Es* ist der Part des Unbewussten, der Bedürfnisse, Affekte und Triebe umfasst und der mit der Geburt eines Menschen einsetzt. Die Befriedigung dieses Teils muss sofort erfolgen, es kann sich nicht nach vorgegebenen Normen oder Regeln richten. Das Lustprinzip ist hier die treibende Kraft. Das *Über-Ich* ist das Gegenteil des Es. Hier sind die im Laufe des Lebens verinnerlichten Werte und die Moral mit Ge- und Verboten einer Gesellschaft sowie das individuelle Gewissen verankert. Das Über-Ich ist zu einem Teil bewusst, zum anderen unbewusst. Das *Ich* bildet sich im Laufe der Kindheit aus. Es ist ganz bewusst, steht zwischen Es und Über-Ich und vermittelt zwischen diesen beiden Polen. Es repräsentiert das Selbstbild eines Menschen. Es handelt nach dem Realitätsprinzip, wägt ab, kommuniziert.

Es kann wichtig sein, nicht alles im Laufe eines Lebens Erlebte ins Bewusstsein kommen zu lassen, um einen Menschen zu schützen. So ist die Verdrängung problematischer Gedanken und Gefühle auch ein Schutzmechanismus. In Angstsituationen jedoch können diese wieder sichtbar werden und ›nach oben‹ kommen. Träume weisen auf einen Konflikt zwischen Normen und Wünschen hin.

Arbeitsaufträge:

1. Lesen Sie die Informationen zur Psychoanalyse. Finden Sie weitere Informationen zu dem Thema im Internet oder in Büchern. Erstellen Sie ein Plakat oder Handout, um andere über die von Ihnen erarbeiteten Inhalte zu informieren.
2. Überlegen Sie, ob und wie sich die Informationen auf Kafka und den *Process* beziehen lassen.

*3. Versetzen Sie sich in die Zeit Franz Kafkas hinein!
Agieren Sie entweder als expressionistische oder surrealistische Lyriker oder Maler und schaffen sie ein auf Kafkas Kapitel »Erste Untersuchung« basierendes Werk. Die in Ihrer Gruppe entstandenen Werke besprechen Sie im Anschluss an die Gestaltung in einer weiteren Podcastfolge. Berücksichtigen Sie dabei Typika der jeweiligen Kunstform in Ausdruck und Inhalt.

Gruppe 3: Expressionismus

Die Künstler des Expressionismus, der zu Beginn des 20. Jahrhunderts (etwa 1905–1925) in Abgrenzung zu Realismus, Impressionismus und Naturalismus entstand, wollten in Bildern und schriftstellerischen Werken auf psychologische Hintergründe wie Ängste und Nöte der Menschen im Hinblick auf Verstädterung, Industrialisierung, Krankheiten, Vereinsamung, Tod, Krieg, gesellschaftliches oder schicksalsbedingtes Ausgeliefertsein hinweisen, noch bevor Freud mit der Psychoanalyse die theoretischen Hintergründe dafür lieferte. Zudem wandten sie sich gegen die Generation ihrer Väter, denen sie falsche Moral und überkommenes Festhalten an Traditionen vorwarfen, und betrachteten die gegenwärtigen politischen und gesellschaftlichen Zustände in Deutschland und Österreich-Ungarn als verkrustet und veraltet. Sie wollten durch den Ausdruck ihres Inneren äußere Verhältnisse verändern. Das gefühlsbasierte und subjektive Ausdrucksvermögen des jeweiligen Künstlers stand also im Vordergrund der Kunst. Der Name der Kunstrichtung geht entsprechend auf das lateinische *expressio* ›Ausdruck‹ bzw. *exprimere* ›ausdrücken‹ zurück. Der Begriff wurde 1911 von Kurt Hiller geprägt.

Im Expressionismus zeigte sich erstmals eine Verschränkung verschiedener Künste, indem sich viele Künstler sowohl malerisch als auch schriftstellerisch betätigten.

In der Malerei wurde dies und der damit verbundene Ausdruck von Emotionen durch die Verwendung greller Farben, durch eine verzerrte oder aufgelöste Perspektive, die überspitzte Darstellung von Menschen, Tieren und Dingen in geometrischer Reduzierung und Abstraktion dargestellt.

Die Schriftsteller beschrieben vor allem in der Lyrik die Problematik der Städte mit Entwurzelung, Einsamkeit, Industrialisierung und Geschwindigkeit, brachten barocke Motive von Tod und Weltuntergang wieder zum Ausdruck und führten das Hässliche und Kranke in ihrer Literatur vor. Dafür überschritten sie Grenzen traditioneller Form- und Sprachstrukturen, um als Gegenbild Träume und Visionen von Veränderung, Aufbruch und Erneuerung darstellen zu können. So ignorierten sie bestehende Sprachstrukturen, missachteten die Zeichensetzung und Grammatik, in Gedichten auch Reim und Metrum. Der Stil wirkt oft abgehackt. Hyperbeln, Metaphern und ausdrucksstarke Symbolik wurden verstärkt eingesetzt, um die Botschaften zu übermitteln.

Viele der Künstler zogen zunächst begeistert in den Ersten Weltkrieg, da sie sich von ihm eine Veränderung der bestehenden einengenden Strukturen erhofften. Jedoch wurden diese Hoffnungen bald enttäuscht und die Realität des grausamen Stellungskrieges floss in die Werke ein. 1914 gab es daher eine Zäsur innerhalb der Stilrichtung, die den Beginn der Verarbeitung der Kriegstraumata sowie die Hinwendung zum Pazifismus zum Inhalt hatte.

Vertreter des Expressionismus in der Literatur sind u. a. Gottfried Benn, Georg Trakl, Georg Heym, Else Lasker-Schüler, Jakob van Hoddis.

Arbeitsaufträge:

1. Lesen Sie die Informationen zum Expressionismus. Finden Sie weitere Informationen zu diesem Thema im Internet oder in Büchern. Erstellen Sie ein Plakat oder Handout, um andere über die von Ihnen erarbeiteten Inhalte zu informieren.
2. Überlegen Sie, ob und wie sich die Informationen auf Kafka und den *Process* beziehen lassen.

*3. Versetzen Sie sich in die Zeit Franz Kafkas hinein!
Agieren Sie entweder als expressionistische oder surrealistische Lyriker oder Maler und schaffen sie ein auf Kafkas Kapitel »Erste Untersuchung« basierendes Werk. Die in Ihrer Gruppe entstandenen Werke besprechen Sie im Anschluss an die Gestaltung in einer weiteren Podcastfolge. Berücksichtigen Sie dabei Typika der jeweiligen Kunstform in Ausdruck und Inhalt.

Gruppe 4: Dadaismus und Surrealismus

Der Dadaismus (etwa 1916–1922) kann als unmittelbarer Vorläufer des Surrealismus betrachtet werden. Gegründet in Zürich (im Cabaret Voltaire von Hugo Ball u.a.), wandte er sich gegen traditionelle Kunstformen und bürgerliche Werte und Vorstellungen. Stattdessen wurden absolute Freiheit und Individualismus propagiert. Die Gründung bezog sich auf die Verunmöglichung von europäischen Künstlertreffen durch den Krieg sowie die Sorge um Einberufung zum Militärdienst. Die Schrecken des Krieges wurden durch Tabubrüche und Provokationen an den Pranger gestellt. Satire war in der Literatur eines der wichtigsten rhetorischen Mittel. Daneben wurde das Lautgedicht eingesetzt, bei dem auf Sinn weitgehend verzichtet wurde und das stattdessen den Klang in Anlehnung an die Musik betonte. Weitere Vertreter des Dadaismus sind z.B. Kurt Schwitters (Hannover), Richard Huelsenbeck (Zürich und Berlin) und bildende Künstler wie George Grosz und (zeitweilig) Otto Dix.

Die Kunstrichtung des Surrealismus entstand etwa 1920 aus dem Dadaismus (bis etwa 1933) und inspiriert von Bildern von Hieronymus Bosch. Er wurde ferner durch die Psychoanalyse beeinflusst und die Schrecken des Ersten Weltkrieges. Die Künstler orientierten sich außerdem an der deutschen Romantik, die den Traum und das Phantastische in der Literatur verarbeitete. Im Surrealismus versuchten die Künstler über die Realität hinauszublicken und diese künstlerisch mit einer irrealen Traumwelt zu verschmelzen, um auf ein Überbewusstsein bzw. eine höhere Wirklichkeit fern von moralischen und bürgerlichen Fesseln aufmerksam zu machen und letztlich eine neue Realität zu schaffen. Grundidee ist, dass sich hinter der mit den Sinnen erfahrbaren Wirklichkeit eine unsichtbare Welt befindet, die lediglich durch Gedanken und Gefühle wahrnehmbar ist. Das Bewusstsein sollte erweitert werden hin zu einer Sichtweise, die über das Offensichtliche hinausgeht. Damit wandte sich der Surrealismus auch gegen vorgegebene starre Normen und gesellschaftliche Beschränkungen. Die Bilder waren daher auch nicht rational erklärbar und stellten sich klar gegen bestehende Regeln der Logik; stattdessen verschwimmen ungewöhnliche und sich widersprechende Motive miteinander.

Vorläufer des Surrealismus gab es schon zur Jahrhundertwende. Henri Rousseau bspw. zeigte im Bild *Der Traum* bereits Ansätze surrealistischen Gedankenguts und auch in der Literatur Kafkas finden sich surreale Motive.

Der Begriff wurde von Guillaume Apollinaire geprägt, um die zu jener Zeit aktuellen Entwicklungen in Kunst und Literatur zu bezeichnen. 1924 nahm André Breton den Begriff in sein *Surrealistisches Manifest* auf, das die Ideen der Bewegung beschrieb.

Arbeitsaufträge:

1. Lesen Sie die Informationen zu Dadaismus und Surrealismus. Finden Sie weitere Informationen zu diesen Themen im Internet oder in Büchern. Erstellen Sie ein Plakat oder Handout, um andere über die von Ihnen erarbeiteten Inhalte zu informieren.
2. Überlegen Sie, ob und wie sich die Informationen auf Kafka und den *Process* beziehen lassen.

*3. Versetzen Sie sich in die Zeit Franz Kafkas hinein!
Agieren Sie entweder als expressionistische oder surrealistische Lyriker oder Maler und schaffen sie ein auf Kafkas Kapitel »Erste Untersuchung« basierendes Werk. Die in Ihrer Gruppe entstandenen Werke besprechen Sie im Anschluss an die Gestaltung in einer weiteren Podcastfolge. Berücksichtigen Sie dabei Typika der jeweiligen Kunstform in Ausdruck und Inhalt.

5 Zwei Sphären gegenüberstellen: Lebenswelt des Josef K. und Welt des Gerichts

Sachanalyse

Das 4. Kapitel »Im leeren Sitzungssaal. Der Student. Die Kanzleien« (Reclam XL, S. 51–74) ist geeignet, um in die zentrale Thematik des Gegensatzes zwischen der Lebenswelt des Josef K. und der Welt des Gerichts einzuführen.

Erste Hinwendung K.s zur Gerichtssphäre. Nachdem K. keinen weiteren Verhörtermin bekommt, geht er am folgenden Sonntag selbstständig wieder in das gleiche Haus und denselben Raum, erhält aber die überraschende Auskunft: »Heute ist keine Sitzung« (51,16). Dass er ohne Termin erscheint, kann als »bedeutsamer Wandel«[1] der Figur bezeichnet werden – möglicherweise eine erste Abwendung von der Sphäre der Vernunft und Ordnung hin zum Irrationalen, Unbewussten, Erotischen der Gerichtssphäre. Auch die sexuelle Anziehung zur Frau des Gerichtsdieners, der K. wieder begegnet (vgl. 57,35–37), kann als eine Annäherung an die Gerichtssphäre gesehen werden, doch noch ist er zuversichtlich, das Gericht »zerschlagen« (58,2) zu können, also mit Elementen seiner Sphäre die des Gerichts beeinflussen zu können. Er überlegt sogar, »Rache« am Gericht zu nehmen, indem »er ihnen diese Frau entzog« (58,6 f.), doch enthebt ihn der zwischenzeitlich erschienene Student Bertold jener Überlegungen, da er die Frau aufgreift »und [...] mit gebeugtem Rücken, zärtlich zu ihr aufsehend zur Tür« (58,18–20) läuft. Die Frau bleibt in ihrer Sphäre, unzugänglich für K. Es wird »sichtbar, wie der direkte Kontakt mit den Kräften des Eros eine Abnahme der Kraft bewerkstelligt, mit der sich die Vernunft behauptet«[2], also von Josef K.

Verstand bzw. Vernunft versus Erotik. Ein wesentliches Kennzeichen der Gerichtswelt ist genau diese Verortung im Bereich des Erotischen. Dazu gehört die Frau des Gerichtsdieners, die K. mit Worten zunächst verführen will; zumindest nimmt das K. an (vgl. 54,13–16). Dazu gehört, dass sie erzählt, dass ihr der Untersuchungsrichter »seidene Strümpfe zum Geschenk« (57,2) schickt. Dazu gehört, dass die Bücher auf dem Richtertisch, die K. ansieht, aus letztlich mehr oder weniger pornographischen Inhalten bestehen, was bei K. Entsetzen und Empörung auslöst (vgl. 53,32–34). »Dabei besteht eine Strukturähnlichkeit zwischen dem Traumhaft-Surrealen und dem Komischen: Das Zusammenfügen normalerweise nicht zusammenpassender Elemente, in diesem Fall das Gericht, von dem Professionalität und moralische Vorbildhaftigkeit zu erwarten ist, gepaart mit [...] anstößigen Bildern anstelle von Gesetzestexten, die die Maßstäbe ethischer Vollkommenheit vorgeben sollten.«[3]

Scheinbare moralische Überlegenheit versus Korruption. Diese ethische Perfektion, die K. für sich und seine Welt der bürgerlichen Ordnung und Moral beansprucht, wird des Weiteren durch Korruption als Typikum der Gerichtswelt karikiert. Der Student der »unbekannten Rechtswissenschaft« (57,17 f.), der die Frau des Gerichtsdieners sexuell bedrängt – was sie und ihr Mann erdulden müssten, da der Student »voraussichtlich zu größerer Macht kommen« (52,25 f.) werde –, übergeht als Vertreter des Gerichts den Willen von Schwächeren. Dieser gesellschaftskritische Punkt, dass sich ›die Großen‹ nehmen, was sie möchten, bestätigt K. in seiner Ansicht über das korrupte Gerichtswesen (vgl. 52,27 f.).

Zur Korruption gehört neben dem Ausnutzen der ›kleinen‹ Menschen die Bestechlichkeit. Das Gericht tagt in ärmlichen Räumlichkeiten, was K. zur Vermutung veranlasst, dass das Geld, das dem Gericht evtl. zur Verfügung steht, in undurchsichtigen Kanälen der Beamten verschwindet, und dass deshalb auch sein erstes Verhör bei sich zu Hause stattfand. »Josef K.s Werturteile bleiben an den Besitz gebunden, und zwar in extremem Maße«,[4] und er trifft seine Urteile aus seiner Erwartungshaltung. K. fühlt sich auch dem Untersuchungsrichter überlegen: »In welcher Stellung befand sich doch K. gegenüber dem Richter, der auf dem Dachboden saß, während er selbst in der Bank ein großes Zimmer mit einem Vorzimmer hatte und durch eine riesige Fensterscheibe auf den belebten Stadtplatz hinuntersehen konnte. Allerdings hatte er keine Nebeneinkünfte aus Bestechungen oder Unterschlagungen und konnte sich auch vom Diener keine Frau auf dem Arm ins Büro tragen lassen.« (61,20–27) An dieser Stelle kann auch eine Deutung im Hinblick auf die Gegenüberstellung von Verstand, der materiellen Reichtum ermöglicht, und Unterbewusstem bzw. der Phantasie, die zwar materiell arm ist, jedoch über andere Reichtümer verfügt, erfolgen.

1 Ralf R. Nicolai, *Kafkas »Prozess«. Motive und Gestalten*, Würzburg 1986, S. 77.
2 Nicolai (Anm. 1), S. 82.
3 Susanne Kaul, *Einführung in das Werk Franz Kafkas*, Darmstadt 2010, S. 101.
4 Nicolai (Anm. 1), S. 88.

Erwachsensein und Kognition versus Kindlichkeit und Unbewusstes. Die Herausstellung dieser Unterscheidung wird in der Motivik dieses Kapitels nochmals verdeutlicht, als der Student die Frau – wieder surrealistisch anmutend – zu einer »schmale[n] hölzerne[n] Treppe« (60,21) zum Dachboden bringt, an der K. »einen kleinen Zettel« findet, auf dem »in einer kindlichen, ungeübten Schrift: ›Aufgang zu den Gerichtskanzleien.‹« (61,1–3) steht. Das Kindliche, das mit seinem Einfluss auf das Unterbewusste dieses steuert und sozusagen die Wege vorgibt, ist Teil der Gerichtssphäre: »Das Gericht ist nicht zufällig auf dem Dachboden angesiedelt, der in der Literatur wie der Keller längst die bürgerliche Form des Unbewussten bezeichnet, der Ort, wo der Abfall [...], alles das, was nicht weggeworfen aber auch nicht mehr verwendet wird, alles das, was man für ein nie eintretendes Später aufheben will, aufbewahrt wird.«[5] Der vom Verstand gesteuerte Josef K. wehrt sich jedoch noch gegen die Macht des Unterbewussten, gegen die triebhaften Kräfte und die Einsicht, welcher »Natur« das Gesetz ist.[6]

Selbstsicherheit und Sich-Groß-Fühlen versus Verwirrung und Erniedrigung. K. begegnet bei seinem Eintritt in den Arbeitsbereich des Gerichtes, einem dunklen, langen, schmalen Gang, von dem einfache Holztüren oder auch statt Wänden nur »Holzgitter« (64,9) abgehen, einigen wenigen Menschen; »[a]lle waren vernachlässigt angezogen, trotzdem die meisten nach dem Gesichtsausdruck, der Haltung [...] den höheren Klassen angehörten« (64,18–21), die ehrfurchtsvoll aufstehen, jedoch »niemals vollständig aufrecht [...] wie Straßenbettler« (64,27–29). »Der Machtapparat beweist seine scheinbare Allgegenwärtigkeit und Allmächtigkeit dadurch, daß er die Stolzen, Selbstbewußten und Fremden verfolgen läßt.«[7] Vielleicht hat die Frustration und Peinlichkeit der Anklage sie so niedergedrückt, denn von physischen Misshandlungen ist nicht die Rede. Doch kann das Gericht ja auch für andere Institutionen stehen, schon angefangen bei der Familie, die psychische Gewalt ausüben und ihre »zwangsweisen« Mitglieder kleinhalten kann, wie es z. B. bei Kafkas Vater der Fall war.[8] K. befragt einen der Wartenden: »Worauf warten Sie hier?« (64,35), was diesen völlig verunsichert. Es wird deutlich, dass er sich Mühe gibt, in seinem Prozess gut abzuschneiden, was K. in seiner noch vorhandenen Selbstsicherheit verwerflich findet: »Halten Sie denn das für nötig?« (65,26) Der Mann wirkt ängstlich und demütig, und K. nimmt sofort eine überlegene Position ein und »stieß ihn auf die Bank zurück und ging weiter« (66,8 f.). Diese Selbstsicherheit geht jedoch in den Räumlichkeiten des Gerichts schnell in Unbehagen über, als er das Gefühl hat, sich verirrt zu haben, und den Gerichtsdiener bittet, ihm den Ausgang zu zeigen, was dieser ablehnt. Sein Eindruck von den Räumlichkeiten des Gerichts ist der eines Labyrinths, wohingegen sich die Beamten dort problemlos zurechtfinden, ja es sogar nur den einen richtigen Weg gibt, ähnlich wie in der Parabel vom Türhüter lediglich ein auf den Mann vom Lande passender Eingang existiert.

Souveränität und Klarheit versus Schwäche und Entrationalisierung. K. möchte in seiner zunehmenden Panik, dass die Maßstäbe seiner gewohnten Welt in der Welt des Gerichtes nichts gelten, nur den Einflussraum des Gerichts verlassen, doch alle sehen ihn an, »als ob in der nächsten Minute irgendeine große Verwandlung mit ihm geschehen müsse« (68,8–10). Sein »Unwohlsein« (68,15) wird als Erstes von einem Mädchen entdeckt, das ihm einen Stuhl holt und ihm erklärt: »›Machen Sie sich darüber keine Gedanken‹, sagte sie, ›das ist hier nichts Außergewöhnliches, fast jeder bekommt einen solchen Anfall, wenn er zum ersten Mal herkommt.‹« (68,22–27). Die Orientierung, die im vernunftbasierten Alltag funktioniert, versagt in der entrationalisierten Welt des Gerichts, »das Resultat ist jene existentielle Seekrankheit, wie sie Josef K. in den schwülen Dachbodenkanzleien befällt [...].«[9]. K. ist es »peinlich, durch diese plötzliche Schwäche den Leuten hier ausgeliefert zu sein« (69,2 f.). Ihm wird wohl erstmals zumindest unbewusst klar, dass er diesem System ausgeliefert ist, seine Souveränität und sein Selbstbewusstsein verliert und stattdessen Irritation, Unwohlsein und Beugung ausgesetzt ist.

Zusammenfassung. K. erkennt, »dass dies die erste zweifellose Niederlage war, die er von diesen Leuten erfahren hatte.« (60,3 f.) Noch redet er sich gut zu, dass diese Niederlage lediglich daher rührte, »weil er den Kampf aufsuchte. Wenn er zuhause bliebe und sein gewohntes Leben führen würde, war er jedem dieser Leute tausendfach überlegen« (60,6–8). Das Zuhausesein symbolisiert hier seine gewohnte Ordnung, sein vernunftorientiertes Leben mit dem geregelten Tagesablauf, wohingegen er mit dem Prozess in eine Sphäre des Unbewussten, des Erotischen und Ir-

5 Horn (Anm. 3), S. 189.
6 Vgl. Nicolai (Anm. 1), S. 85.
7 Karol Sauerland, »Der ideale Machtapparat und das Individuum«, in: Hans Dieter Zimmermann (Hrsg.), *Nach erneuter Lektüre. Franz Kafkas »Der Proceß«*, Würzburg 1992, S. 242.
8 Vgl. Ritchie Robertson, *Franz Kafka. Leben und Schreiben*, aus dem Engl. von Josef Billen, Darmstadt 2009, S. 118.
9 Klaus Jeziorkowski, »Das Bett«, in: Hans Dieter Zimmermann (Hrsg.), *Nach erneuter Lektüre. Franz Kafkas »Der Proceß«*, Würzburg 1992, S. 101.

realen eingedrungen ist, in der er noch fremd ist, in der ihm unbekannte Regeln gelten und für ihn irritierende Vorgänge geschehen. K. begreift mit seinen rationalen Mitteln nicht, was mit dem und durch das Gericht geschieht. So ist seine Niederlage »selbstverschuldet, weil er sich unaufgefordert in den Bereich des Gerichts begeben hat.«[10] Die Angehörigen des Gerichts hingegen ›schwächeln‹ dagegen in seiner Welt. Während es K., am Ausgang angekommen, gleich besser geht (»Ihm war als wären alle seine Kräfte mit einem Mal zurückgekehrt, um einen Vorgeschmack der Freiheit zu gewinnen, trat er gleich auf eine Treppenstufe«; 73,19–22), können seine beiden Begleiter offenbar die frische Luft von draußen nur schlecht aushalten (73,27–29).

10 Klaus-Detlef Müller, *Franz Kafka. Romane*, Berlin 2007, S. 73.

So kann man durchaus von zwei völlig verschiedenen Sphären sprechen, die sich im *Process* gegenüberstehen. »Die Figuren in der Stadt führen ein normales Leben und reagieren normal, die Figuren in der Vorstadt führen ein merkwürdiges Leben und reagieren merkwürdig. In K.s Erstaunen über deren Verhalten und in seinem Zorn markiert der Erzähler deutlich den Unterschied. Es gibt also nicht nur zwei unterschiedliche Bereiche mit unterschiedlichen Figuren, es gibt auch unterschiedliche Regeln, die in den beiden Bereichen herrschen.«[11] Diese beiden Bereiche kann man auf das Bewusste und das Unbewusste beziehen oder auch auf die verschiedenen Sichtweisen zweier Menschen, auch von Mann und Frau.

11 Hans Dieter Zimmermann, *Kafka für Fortgeschrittene*, München 2004, S. 116.

Unterrichtsverlauf

Überblick. Anhand des Kapitels »Im leeren Sitzungssaal. Der Student. Die Kanzleien« (Reclam Xl, S. 51–74) wird systematisch die Differenz zwischen der (rationalen) Sphäre des Josef K. und der Gerichtssphäre (Sphäre des Unbewussten) erarbeitet. ! Verkürzter Verlauf: 5.1 – 5.2

Phase	Thema	Sozialform	Kompetenzen und Lernziele	Materialien
Voraussetzungen: Textkenntnis bis S. 74				
5.1	Einstieg: Traumwelt	EA / UG	• Vorwissen aktivieren • Bezug zum eigenen Leben herstellen • Kreativ schreiben	ARBEITSBLATT 5a ➤ S. 43
5.2	Gegenüberstellung der beiden Sphären: Josef K.s Lebenswelt – Gerichtswelt	UG	• Die Widersprüchlichkeit der beiden Sphären erfassen	TAFELBILD 5 ➤ S. 41
5.3 fakultativ	Das Motiv des »Verstehens« anderer Sichtweisen	EA / PA / UG	• Reellen Bezug wahrnehmen • Das Motiv verstehen	
5.4 fakultativ	Motivvertiefung am Beispiel des Kapitels – Podcast	GA	• Allgemeine Motivik auf das Kapitel beziehen • Einen Vortrag erarbeiten	TAFELBILD 2 ➤ S. 17 ARBEITSBLATT 5b ➤ S. 44
HA	Wiederholende Lektüre des 5. Kapitels »Der Prügler«			*Der Process*, Reclam XL, S. 75–81

5.1 Einstieg: Traumwelt

EA / UG

ARBEITSBLATT 5a
➤ S. 43

Unterrichtsschritt. Die Schülerinnen und Schüler stellen sich vor, einen Traum zu haben bzw. in einem Traum zu leben, der ihr eigenes Leben komplett karikiert, diesem völlig entgegengesetzt, gerne auch surreal, abläuft. Dazu schreiben sie einen kurzen Text, in dem sie diesen Traum beschreiben. Im Schreibprozess beginnen sie ihre Planung mit einer Gegenüberstellung von ihrem realen Leben und den Traumerlebnissen

(ARBEITSBLATT 5a *Mein Leben in Realität und Traum*). Einzelne Ergebnisse werden präsentiert. Weitere können auf Wunsch an die Wände des Klassenzimmers gehängt werden, so dass die anderen Schülerinnen und Schüler sie lesen können.

Erläuterung. Der Bezug zum eigenen Leben erleichtert die spätere Gegenüberstellung der Lebenswelt des Josef K. mit der Gerichtswelt, indem an Vorwissen und eine vorbereitete Grundstruktur angeknüpft wird.

5.2 Gegenüberstellung der beiden Sphären: Josef K.s Lebenswelt – Gerichtswelt

Unterrichtsschritt. Die Schülerinnen und Schüler gehen im Unterrichtsgespräch schrittweise das Romankapitel »Im leeren Sitzungssaal. Der Student. Die Kanzleien« (Reclam XL, S. 51–74) durch und erfassen dabei die Unterschiede zwischen der Welt des Josef K. und der Gerichtswelt. Während des Gesprächs mit der Sammlung passender Textstellen wird das TAFELBILD 5 erstellt.

UG

TAFELBILD 5 ➤ S. 41

TAFELBILD 5

Die beiden Sphären

Sphäre von Josef K. ⟷ **Sphäre des Gerichts**

Sphäre von Josef K.

- Vernunft, Verstand
- Bewusstsein
- Ordnung
- (Angebliche) Unbestechlichkeit
- Realität
- Reichtum, Besitz, Fleiß (Josef K. besitzt viel und schöne Kleidung)
- Bezahlte Liebe
- Büro mit Vorzimmer
- Große Fenster, frische Luft
- Selbstsicherheit, Mut, Überheblichkeit
- Klare Trennung zwischen Öffentlichem und Privatem (Büro, Wohnraum)
- Welt der Erwachsenen
- Klare Ziele (Karriere)
- Für jeden mit dem Verstand erfassbar

Sphäre des Gerichts

- Unbegreifbar, irrational
- Unbewusstes
- Chaos, Schmutz
- Bestechlichkeit
- Traumwelt, Irreales, Fantasie
- Faulheit, Armseligkeit (Beamte ärmlich gekleidet)
- Erotik, Pornographie
- Enge Räumlichkeiten
- Dachboden, Treppen, Holz, licht- und luftlos
- Angst, Unterwerfung, Demut, Hilflosigkeit, Vergesslichkeit
- Verschmelzung von Öffentlichem und Privatem (Beamte schlafen im Gericht, Schlafraum Gerichtssaal)
- Kinder als Hinweisgeber
- Viele Wege, Labyrinth, Verlust des Orientierungssinnes
- Unbekannt in der Öffentlichkeit

5.3 Das Motiv des »Verstehens« anderer Sichtweisen (fakultativ)

Unterrichtsschritt. Um die Deutungsvariante zu erkennen, dass die Welt des Gerichts aus den Augen K.s rätselhaft ist, ähnlich wie häufig Verhaltensweisen anderer Menschen nicht logisch erscheinen (konstruktivistische Sichtweise), kann im Anschluss überlegt werden, ob die Schülerinnen und Schüler evtl. Personen kennen, die ein Leben leben, das sich sehr von ihrem Leben und ihren Ansichten unterscheidet, und was sie über diese Personen denken, sowie wie es ihnen ginge, wenn sie einen Tag im Leben der anderen Person verbrin-

EA / PA / UG

gen müssten. Damit wird das im Kapitel ebenfalls angesprochene »Verstehen« des Gerichts und dessen Sphäre, an dem es Josef K. mangelt, verdeutlicht. Dieser Unterrichtsschritt erfolgt mit der Think/Pair/Share-Methode.

Erläuterung. Bei der Think/Pair/Share-Methode arbeiten die Schülerinnen und Schüler zunächst in Einzelarbeit, besprechen sich dann mit einem Partner / einer Partnerin und teilen ihre Ergebnisse schließlich im Plenum. Hierbei sollte explizit auf den »Verstehens«-Begriff eingegangen werden und auf welche Weise Verstehen erfolgen kann, z.B. Empathie, Argumente, genaue Beschreibung einer Situation, Schildern von Gefühlen, Nachfragen, Zuhören, Nachdenken, Aufmerksamkeit etc.

5.4 Motivvertiefung am Beispiel des Kapitels – Podcast (fakultativ)

GA

ARBEITSBLATT 5b

➤ S. 44
Lösungshinweise
➤ S. 109

TAFELBILD 2

➤ S. 17

Unterrichtsschritt. Die Schülerinnen und Schüler schlüpfen in die Rolle eines Professors / einer Professorin der Literaturwissenschaft. Als solche beziehen sie die in TAFELBILD 2 erarbeiteten Motive auf das aktuell gelesene Kapitel. Dafür füllen sie zunächst ARBEITSBLATT 5b ***Podcast: Vorbereitung eines Vortrags zur Motivik im Kapitel »Im leeren Sitzungssaal. Der Student. Die Kanzleien«*** aus und gestalten daraus den Vortrag des Professors bzw. der Professorin, den sie anschließend im Podcast aufnehmen.

Erläuterung. Die Vertiefung der Inhalte des Kapitels erfolgt im Hinblick auf die bereits in der 2. Stunde besprochenen Motive des Romanfragments, die im vorliegenden Kapitel fast alle deutlich zutage treten. Bei Zeitmangel oder zur Differenzierung für schwächere Schülerinnen oder Schüler kann statt eines erneuten Durchgehens des Kapitels die Sachanalyse kopiert und von den Schülerinnen und Schülern im Hinblick auf die Motivanalyse bearbeitet werden. Sinnvoll ist es aus Zeitgründen ebenfalls, in den Gruppen je ein oder zwei Motive pro Schüler (je nach Gruppengröße) bearbeiten zu lassen und dann gemeinsam die Ergebnisse in der gesamten Gruppe zu besprechen.

Hausaufgabe

In häuslicher Lektüre lesen die Schülerinnen und Schüler wiederholend *Der Process*, Reclam XL, S. 75–81 (»Der Prügler«).

ARBEITSBLATT 5a

Mein Leben in Realität und Traum

Verfassen Sie einen Traum, in dem Sie mit Dingen und Personen konfrontiert werden, die komplett das Gegenteil ihres regulären Lebens und ihrer eigenen Charaktereigenschaften darstellen.

Planen Sie diesen Traum zunächst, indem Sie eine Sammlung anfertigen über Ihr reales Leben. Hierbei können Sie Aspekte einfließen lassen wie:

- Charaktereigenschaften
- Tagesablauf
- Besitzstand
- Wohnung
- Familie
- Freundschaften
- Fähigkeiten und Fertigkeiten
- Hobbys
- Äußeres (Kleidung, Frisur etc.)

Planung:

Mein Leben:	Mein Traum:

ARBEITSBLATT 5b

Podcast: Vorbereitung eines Vortrags zur Motivik im Kapitel »Im leeren Sitzungssaal. Der Student. Die Kanzleien«

Arbeitsaufträge:

1. Planen Sie den Vortrag eines Professors bzw. einer Professorin der Literaturwissenschaft zur Motivik im Kapitel »Im leeren Sitzungssaal. Der Student. Die Kanzleien« (Reclam XL, S. 51–74), indem Sie die Motive, die Sie im Kapitel »Verhaftung« erarbeitet haben, auf das aktuelle Kapitel beziehen.
2. Diesen Vortrag nehmen Sie anschließend im Podcast auf. Achten Sie dabei auf die Gestaltung, die evtl. auch den Einsatz eines Gastgebers oder einer Gastgeberin beinhaltet.

Motiv	Ausgestaltung im Kapitel
Frauen/Sexualität	
Schuld	
Räumlichkeiten	
Vater	
Macht-/Beamtenapparat	
Persönliche Entwicklung / Unbewusstes	
(Ir)regulärer Gerichtsprozess	
Gott/Religion/Schicksal/Sinn	

6 Die Schuldfrage erörtern

Sachanalyse

Schwerpunktthema des 5. Kapitels »Der Prügler« (Reclam XL, S. 75–81) ist die Frage nach Schuld und ihrem Zusammenhang mit dem Thema Angst, die anhand der Begegnung K.s mit dem »Prügler« und den beiden Wächtern Franz und Willem (die nach der Beschwerde K.s aufgrund der Umstände seiner Verhaftung bestraft werden[1]) im Unterricht behandelt werden kann.

Schuldmoment: Verdrängung nicht normkonformer Regungen. Das Gericht dringt in die Arbeitswelt von Josef K. ein, indem es Räumlichkeiten der Bank besetzt. Da es ja von der Schuld angezogen wird, sind offenbar auch hier Schuldmomente von K. zu finden. K. hört an einem Abend im Bürogebäude seiner Bank »Seufzer« (75,8) aus einer Rumpelkammer. Sie »sind Anzeichen einer Spannung zwischen den Geboten des normierten Bewußtseins und der Gegenwelt« und beziehen sich auf »Sexualität, Aggression, (Halb-) Schlaf oder auch latente Konflikte«[2], Kennzeichen der Gerichtssphäre. Als Josef K. die Türe der Kammer öffnet, erblickt er drei Männer im Kerzenlicht: einen Mann in »Lederkleidung, die den Hals bis tief zur Brust und die ganzen Arme nackt ließ« (75,22 f.), mit einer »Rute« (75,28)[3] in der Hand, »der die andern offenbar beherrschte« (75,20 f.), und die Unterlegenen, in denen K. die Wächter Franz und Willem wiedererkennt. »Es handelt sich offenbar um eine sadomasochistische Situation […]. Die Tatsache, dass es sich um eine Rumpelkammer handelt, in der unbrauchbares Zeug herumliegt, deutet darauf hin, dass dies ein Ort ist, der mit dem Unbewussten assoziiert ist. Im Unbewussten herrscht aber das Begehren, das hier mit Strafphantasien verbunden ist. K. schaut mit Faszination und Abscheu zu, was auf seine libidinöse Besetzung der Macht hinweist.«[4] Die Szene an sich kann aber auch an einen Thriller erinnern und die dabei verwendete Bildlichkeit an die dafür erforderliche visuelle angstprovozierende Gestaltung.

Schuldmoment: Fehlende Eigenverantwortung. Die beiden Wächter behaupten: »Wir sollen geprügelt werden, weil Du Dich beim Untersuchungsrichter über uns beklagt hast.« (75,24–26) Willem rechtfertigt das Verhalten der Wärter bei der Verhaftung vor K. (76,7–11) und erklärt diesem, dass sie ohne K.s Beschwerde Möglichkeiten des »Aufstiegs« gehabt hätten, z. B. »auch Prügler« (76,29) zu werden – eine der typischen Ironisierungen Kafkas, um die Leser zum Nachdenken über die menschliche Natur anzuregen: Die beiden streben etwas an, worunter sie im Moment leiden. Sie würden bedenkenlos die Seite wechseln und anderen Schaden zufügen, obwohl sie wissen, wie es sich anfühlt, auf der schwächeren Seite zu stehen. Auch die Gerichtswelt ist folglich nicht frei von Schuld, was auch die weiteren Ausführungen zeigen: K. fragt den Prügler, ob »es keine Möglichkeit den zwein die Prügel zu ersparen« (77,4 f.) gebe, was dieser verneint. K. bietet dem Prügler Geld an, um die Wächter zu verschonen, doch der Prügler lehnt ab. »Hier zeigt sich eine Willkürherrschaft, die sich auf Macht gründet und diese an die Stelle der Gerechtigkeit setzt.«[5] Auch weitere Argumente K.s laufen ins Leere. Wiederholt bemerkt er, dass die eigentliche Schuld nicht bei den kleinen Leuten liege: »Ich halte sie nämlich gar nicht für schuldig, schuldig ist die Organisation, schuldig sind die hohen Beamten.« (77,34–36) Doch auch die Einzelnen sind nicht schuldlos, genauso wenig wie K.: »Dass K. die Wächter […] befreien möchte, zeugt unausgesprochen von seinem Schuldgefühl«[6] diesen gegenüber. Der Prügler wiederholt: »ich lasse mich nicht bestechen. Ich bin zum Prügeln angestellt, also prügle ich.« (78,7 f.) Er hinterfragt keine Anweisungen, sondern folgt diesen blind, was wiederum die Frage nach dessen Schuld in den Raum stellt.

Schuldmoment: Egoismus statt Wahrung der Grundbedürfnisse anderer. Der Prügler schlägt brutal zu, Franz' Schrei »schien nicht von einem Menschen, sondern von einem gemarterten Instrument zu stammen, der ganze Korridor tönte von ihm« (78,26–28). Aber K. ist aus Angst nicht bereit, seinen Ruf für die Rettung der Wächter zu riskieren. Dies zeigt sich daran, dass er beim Nahen der alarmierten Bankdiener schnell die Tür zur Rumpelkammer schließt und ein Fenster im Gang öffnet, um das Schreien erklären zu können. Dies macht ihn erneut schuldig, denn er hat »die Scheußlichkeit zuerst veranlaßt und dann aus Ei-

1 Vgl. Klaus-Detlef Müller, *Franz Kafka. Romane*, Berlin 2007, S. 72.

2 Ralf R. Nicolai, *Kafkas »Prozess«. Motive und Gestalten*, Würzburg 1986, S. 111.

3 »Für Kafka ist der Wille die ›Peitsche‹ oder ›Rute‹, die den Menschen hinwegtreibt von seinem Ursprung und schließlich in verinnerlichter Form seine Gefangenschaft sogar ohne äußeren Zwang perpetuiert.« Nicolai (Anm. 2), S. 112.

4 Anette Horn / Peter Horn, *In einer fenster- und türlosen Zelle. Die Romane Franz Kafkas*, Oberhausen 2015, S. 187.

5 Susanne Kaul, *Einführung in das Werk Franz Kafkas*, Darmstadt 2010, S. 102.

6 Csilla Mihály, *Figuren und Figurenkonstellationen in Kafkas Erzähltheater. Zur Erklärungsfunktion der Wiederholungsstrukturen im mittleren Werk*, Wien 2015, S. 140.

gennutz nicht unterbunden, sich dadurch korrumpiert.«[7]

Schuldmomente: Rechtfertigung und Abwälzen auf andere. Nachdem die Diener gegangen sind, versucht K. sich vor sich selbst zu rechtfertigen: »Es quälte ihn, dass es ihm nicht gelungen war, das Prügeln zu verhindern, aber es war nicht seine Schuld, dass es nicht gelungen war« (79,19–21). »Bezeichnender Weise [sic] leugnet K. in Gedanken wieder seine Schuld und macht Franz bzw. dessen Unbeherrschtheit dafür verantwortlich, dass er die Tür zuschlagen musste.«[8] Doch woher sollte Franz wissen, dass sein Schreien zur Konsequenz hatte, dass K. sich zurückzieht statt zu helfen. Insofern ist K. nicht schuldlos. Auch sein Bestechungsangebot an den Prügler ist halbherzig: »Und K. hätte nicht gespart, es lag ihm wirklich daran die Wächter zu befreien [...]. Aber in dem Augenblick, wo Franz zu schreien angefangen hatte, war natürlich alles zu Ende.« (79,31–37.) Sobald K. selbst betroffen ist – sei es in seiner Bequemlichkeit oder seinem Ruf –, bekommt er Angst, agiert genauso wie die von ihm angegriffenen Angehörigen des Gerichts, und er findet billige Ausreden: Das »konnte wirklich niemand von K. verlangen« (80,3 f.).

K. traut sich nicht mehr, die Türe zur Rumpelkammer zu öffnen, »gelobte sich aber, die Sache noch zur Sprache zu bringen und die wirklich Schuldigen, die hohen Beamten, von denen sich ihm noch keiner zu zeigen gewagt hatte, soweit es in seinen Kräften war, gebührend zu bestrafen« (80,26–29). K. weist also eine Schuld weit von sich und schiebt diese anderen zu; ihn selbst beruhigende, aber unrealistische Konsequenzen (er ist nicht in der Position, die »hohen Beamten« zu bestrafen) schiebt er in eine unbestimmte Zukunft. »Es sind vor allem die für K. so entscheidende, charakteristische Entscheidungsschwäche, seine Endlosreflexionen und immer wiederkehrenden Selbstberuhigungen, die den Leser der Gestalt gegenüber skeptisch machen und damit jene kritische Distanz ermöglichen, die den Leser ein wenig aus der K.'schen Perspektive rückt«[9].

Schuldmomente: Verdrängung und Wiederholung des falschen Verhaltens. Als K. am nächsten Tag wiederum die Tür zur Rumpelkammer öffnet – »das Ringen um Verdrängung der Innenwelt schlug fehl«[10] –, geschieht ein surreales Erleben: »Alles war unverändert, so wie er es am Abend vorher beim Öffnen der Tür gefunden hatte. Die Drucksorten und Tintenflaschen gleich hinter der Schwelle, der Prügler mit der Rute, die noch vollständig angezogenen Wächter, die Kerze auf dem Regal und die Wächter begannen zu klagen« (81,5–10). Die surreal genaue Wiederholung der Ereignisse lässt sich so verstehen, dass es sich hier um einen Aspekt des Innenlebens K.s handelt, der zwar durch Verdrängung zeitweilig beseitigt werden kann, der jedoch durch Ignorieren (Verdrängen) nicht verschwindet. Lediglich durch eine Anerkennung der eigenen Schuld wäre möglicherweise eine Lösung erreicht worden.

Zusammenfassung. K. hätte die Möglichkeit gehabt, sein Verhalten des vorherigen Tages zu revidieren durch eine bessere Handlung, aber er verwirft das. »Sofort warf K. die Tür zu und schlug noch mit den Fäusten gegen sie, als sei sie dann fester verschlossen.« (81,10–12) Die Flucht vor der eigenen Angst, vor der ernsthaften Selbstreflexion und damit vor einer Schuldanerkennung führt letztlich dazu, dass sie immer wiederkehrt – und am Ende den Tod mit sich bringt. »Das Kapitel exemplifiziert in prägnanter Weise, wie K.s Gedanken und Handlungen die Ereignisse generieren, in welchem Sinne er gleichsam als ›Spielleiter‹ der gesamten Szene angesehen werden kann.«[11] Und zugleich zeigt sich, wie der sich unschuldig fühlende K. eigentlich doch schuldig ist, seine eigene Schuld jedoch nicht sehen will, sondern diese verdrängt. So ist die Schuld »keine nach den geltenden Rechtsnormen, sondern nur unter der Voraussetzung eines ›höheren‹ Gesetzes faßbare Schuld; es ist verdrängte, aber nicht verdrängbare Schuld; sie wird durch das Hinzutreten merkwürdiger Umstände und Instanzen zum Gegenstand der Selbstauseinandersetzung des Helden und des Lesers.«[12] Und auf diese Weise wird Josef K.s Handeln und gleichzeitig auch die Lektüre des Romanfragments zu einer »Ich-Findung durch Schulderkenntnis«[13].

7 Müller (Anm. 1), S. 72.
8 Mihály (Anm. 6), S. 142.
9 Wilhelm Große, *Lektüreschlüssel. Franz Kafka: »Der Proceß«*, Stuttgart 2011 [u. ö.], S. 45 f.

10 Nicolai (Anm. 2), S. 117.
11 Mihály (Anm. 6), S. 138.
12 Klaus Hermsdorf, »Schuld und Schuldbewußtsein in Franz Kafkas Der Prozeß«, in: Hans Dieter Zimmermann (Hrsg.), *Nach erneuter Lektüre. Franz Kafkas »Der Proceß«*, Würzburg 1992, S. 229.
13 Ebd., S. 232.

Unterrichtsverlauf

Überblick. Ausgehend von einem Akrostichon zum Thema Angst erkennen die Schülerinnen und Schüler, dass die Angst bei Josef K. dazu führt, dass er in einer konkreten Romansituation schuldig wird und dass er möglicherweise auch in vergangenen Situationen bereits schuldig war. **! Verkürzter Verlauf: 6.1 – 6.2 – 6.4**

Phase	Thema	Sozialform	Kompetenzen und Lernziele	Materialien
Voraussetzungen: Textkenntnis bis S. 81				
6.1	Einstieg: Angst – Akrostichon	EA / UG	• Vorwissen aktivieren	TAFELBILD 6a ➤ S. 47
6.2	Deutung der Angst in Josef K.s Verhalten	UG	• Bezug zum Text herstellen • Fremdverstehen entwickeln	TAFELBILD 6b ➤ S. 48
6.3 **fakultativ**	Entwurf einer Handlungsalternative	EA / PA	• Zentrale Motive erkennen • Wege für Josef K. aus der Angst entdecken	
6.4	Verfassen einer Anklageschrift gegen Josef K.	EA / PA / UG	• Inhalte des Kapitels verstehen • Die ›objektive‹ Schuldfrage beantworten • Bezug zum realen Leben herstellen • Kreativität im Schreiben entwickeln	ARBEITSBLATT 6 ➤ S. 51 VORLAGE 6 ➤ S. 49 TAFELBILD 6b ➤ S. 48
6.5 **fakultativ**	Erstellen eines Hörspiels: Gerichtsverfahren gegen Josef K. – Podcast	GA	• Inhalt vertieft verstehen • Ablauf einer Gerichtsverhandlung realisieren • Im Team arbeiten	
HA	Wiederholendes Lesen des Kapitels »Der Onkel. Leni«			*Der Process*, Reclam XL, S. 82–101

6.1 Einstieg: Angst – Akrostichon

Unterrichtsschritt. Die Schülerinnen und Schüler notieren zunächst in Einzelarbeit, dann im Unterrichtsgespräch anhand eines Akrostichons zum Wort »Angst« verschiedene Auswirkungen und Aspekte. Die Ergebnisse werden in TAFELBILD 6a gesammelt und können durch weitere Wörter, die durch das Ausschlussverfahren des Akrostichons bewusst geworden sind, ergänzt werden.

EA / UG

TAFELBILD 6a ➤ S. 47

TAFELBILD 6a

Aspekte und Auswirkungen von Angst

A *(Aggression, Albtraum, Anti-Sein, Alkohol, Argwohn, Abneigung, Aufregung, Abscheu etc.)*
N *(Negation, Notlage, Normen, Niedergeschlagenheit etc.)*
G *(Grenzen setzen, Gesetze, Gier, Gefahr, Gram, Gehemmtheit, Grauen, Geister, Gewissensbisse, Gruseln, Gespenster etc.)*
S *(Schuld, Sorgen, Strenge, Schreck, Schwäche, Scheu, Skrupel, Seelennot, Schiss, Scham, Schock, Stress etc.)*
T *(Trauma, Totstellen, Todesfurcht, Traurigkeit etc.)*

Weitere wichtige Wörter im Zusammenhang mit dem Thema Angst:
Beklemmung, Vermeidung, Versagen, Horror, Furcht, Zurückhaltung, Unruhe, Bangigkeit, Misere, Zwangslage, Mutlosigkeit, Entsetzen, Erschütterung, Verwirrung, Panik, Weglaufen, Feigheit, Lampenfieber, Erregung, Hysterie, Vorgefühl, innere Stimme, Zittern, Ratlosigkeit, Bedrohung, Befürchtung, Blackout, Herzklopfen, etc.

6.2 Deutung der Angst in Josef K.s Verhalten

UG

TAFELBILD 6b
➤ S. 48

Unterrichtsschritt. Im Anschluss an die Sammlung der Angst-Begriffe überlegen die Schülerinnen und Schüler, was diese Überlegungen mit dem Kapitel »Der Prügler« (Reclam XL, S. 75–81) zu tun haben. Nach einer kurzen wiederholenden Zusammenfassung des Inhalts (Folterszene im Bankgebäude) geht die Lerngruppe den Textausschnitt Schritt für Schritt im Unterrichtsgespräch durch. Dabei wird anhand der Leitfragen TAFELBILD 6b entwickelt. Die abschließende Frage nach K.s Schuld dient der Sensibilisierung für die Beurteilung von K.s Verhalten, die in den folgenden beiden Unterrichtsschritten vertieft wird.

Leitfragen:
- Wie verhält sich Josef K. angesichts des Folterszenarios in der »Rumpelkammer«?
- Wovor genau hat K. Angst?
- Welche Folgen hat seine Angst – für die Wächter, aber auch für ihn?
- Welche Auffälligkeiten gibt es hinsichtlich des Orts, der »Rumpelkammer«?
- Ist Josef K. wirklich schuldlos?

TAFELBILD 6b

Josef K.s Angst
(Kapitel »Der Prügler«, Reclam XL, S. 75–81)

Verhalten von Josef K. angesichts des Folterszenarios in der »Rumpelkammer«:
- K. hat Angst vor den <u>Konsequenzen</u> des eigenen Handelns
  ➤ durch Ausreden wird das eigene Handeln bzw. Nichthandeln gerechtfertigt (75,27–31; 76,12–14; 76,36–77,5; 77,22–25; 77,30–36; 79,19–25; 79,35–37; 80,3 f.; 80,25–29)
- K. hat Angst vor <u>Entdeckung des »Doppellebens«</u>
  ➤ Ereignisse in der Kammer werden verleugnet (78,25–31; 79,1–6)
- K. hat Angst vor einer <u>Veränderung</u>
  ➤ Chance, das Verhalten in der gleichen Szene am nächsten Tag zu ändern, wird nicht genutzt (81,5–12)
- K. hat Angst vor dem <u>Prozess</u>
  ➤ dieser dringt in sein »normales Leben« ein (80,10–15)

Rumpelkammer als Symbol für das <u>Verdrängen</u> (der Angst)

➤ Ist Josef K. wirklich schuldlos?

6.3 Entwurf einer Handlungsalternative (fakultativ)

EA / PA

Unterrichtsschritt. Die Schülerinnen und Schüler verfassen mit einem kreativen Schreibauftrag eine Handlungsalternative zum Kapitelschluss (Reclam XL, 80,36–81,24), die erläutert, was passieren hätte können, wenn Josef K. am nächsten Tag die Türe geöffnet und anders reagiert hätte, als er das getan hat. Die Ergebnisse werden im Plenum vorgelesen und/oder in einem Museumsrundgang veröffentlicht.

Erläuterungen. Zum didaktischen Zweck: Durch die Überlegungen zu einer Handlungsalternative werden die Schülerinnen und Schüler dafür sensibilisiert, dass Josef K. selbst der Regisseur seines Lebens ist und die Fäden in der Hand hält, dass er also nicht vom Schicksal völlig fremdbestimmt ist, insofern er zwar mit der Situation in der Rumpelkammer konfrontiert wird, jedoch grundsätzlich die Freiheit hat, sich dazu zu verhalten. Das ist die Voraussetzung für Schuldigwerden.

Zur Methode: Der Museumsrundgang ermöglicht eine Präsentation schriftlicher Arbeiten, ohne dass dafür einzelne Arbeitsergebnisse vorgelesen werden müssen. Die angefertigten Texte werden an den Wänden des Klassenzimmers aufgehängt und wie die Werke in einem Museum nacheinander besichtigt.

6.4 Verfassen einer Anklageschrift gegen Josef K.

Unterrichtsschritt. Die Schülerinnen und Schüler fertigen anhand von ARBEITSBLATT 6 ***Eine Anklageschrift verfassen*** in Einzel- oder Partnerarbeit eine Anklageschrift gegen Josef K. aufgrund der Vorfälle in der Rumpelkammer an. Grundlage für die Anklage ist § 323c StGB (VORLAGE 6 ***§ 323c StGB Unterlassene Hilfeleistung; Behinderung von hilfeleistenden Personen***). Die Anklageschrift kann mit Hilfe von ARBEITSBLATT 6 ***Eine Anklageschrift verfassen*** geplant werden. ARBEITSBLATT 3a und ARBEITSBLATT 3b können als Hilfestellung für die Darstellung der psychologischen Hintergründe zu Josef K. herangezogen werden. Einige Ergebnisse werden im Anschluss im Plenum präsentiert und die Beantwortung der in TAFELBILD 6b aufgeworfenen Schuldfrage diskutiert. Die Lehrkraft sollte darauf hinweisen, dass es die Strafnorm zur Zeit der Entstehung des Romans noch nicht gab, sondern es sich um eine spätere Verschärfung des Strafrechts handelt.

EA / PA / UG

ARBEITSBLATT 6 ➤ S. 51 Lösungshinweise ➤ S. 110
VORLAGE 6 ➤ S. 49
TAFELBILD 6b ➤ S. 48
ARBEITSBLATT 3a ➤ S. 24
ARBEITSBLATT 3b ➤ S. 25 f.

Erläuterungen. Durch die Erstellung einer Anklageschrift wird die im TAFELBILD 6b aufgeworfene Frage nach der Schuld von Josef K. beantwortet. Die Schülerinnen und Schüler können so individuell und induktiv erfassen, dass bei K. von schuldhaftem Handeln bzw. Nichthandeln gesprochen werden kann, das nach heutigen Rechtsnormen möglicherweise strafbar wäre, in jedem Fall aber in moralischem Sinne festzustellen ist.

Zur Geschichte der Strafnorm: Der Straftatbestand der unterlassenen Hilfeleistung ist in dieser Form erstmals 1935 in das Strafgesetzbuch aufgenommen worden und in bereinigter Form seit 1953 bis heute gültig. Zur Zeit der Entstehung des Romans war das Vergehen noch als (minderschwere) Übertretung definiert. Der Wortlaut von § 360 StGB alter Fassung war: Mit 150 Mark oder Haft bestraft wird, »wer bei Unglücksfällen oder gemeiner Gefahr oder Noth von der Polizeibehörde oder deren Stellvertreter zur Hülfe aufgefordert, keine Folge leistet, obgleich er der Aufforderung ohne erhebliche eigene Gefahr genügen konnte« (https://lexetius.com/StGB/360,11). Aus didaktischen Gründen ist es aber sinnvoll, von der heutigen Regelung auszugehen, da die Schuldhaftigkeit des Verhaltens K.s so deutlicher hervortritt und in moralischer, ›subjektiver‹ Hinsicht unverändert gilt.

VORLAGE 6

§ 323c StGB Unterlassene Hilfeleistung;
Behinderung von hilfeleistenden Personen

(1) Wer bei Unglücksfällen oder gemeiner Gefahr oder Not nicht Hilfe leistet, obwohl dies erforderlich und ihm den Umständen nach zuzumuten, insbesondere ohne erhebliche eigene Gefahr und ohne Verletzung anderer wichtiger Pflichten möglich ist, wird mit Freiheitsstrafe bis zu einem Jahr oder mit Geldstrafe bestraft.
(2) Ebenso wird bestraft, wer in diesen Situationen eine Person behindert, die einem Dritten Hilfe leistet oder leisten will.

6.5 Erstellen eines Hörspiels: Gerichtsverfahren gegen Josef K. – Podcast (fakultativ)

Unterrichtsschritt. Die Schülerinnen und Schüler stellen ein Gerichtsverfahren (Gerichtstermin mit Hauptverhandlung) nach, in dem die Anklageschrift von einem Staatsanwalt verlesen wird, und in dem der Angeklagte sowie die Zeugen Franz und Willem von einem Richter befragt werden. Bei einer großen Schülergruppe ist auch ein Anwalt für Josef K. vor Ort. Dieses Gerichtsverfahren wird als Podcastaufnahme (= Hörspiel) präsentiert.

GA

Erläuterungen. Für die Aufnahme kann auch eine Moderatorin bzw. ein Moderator eingesetzt werden, der ähnlich einem Sportreporter die Gerichtsverhandlung kommentiert. Sinnvoll ist es, wenn sich die Schülerinnen und Schüler zunächst über den Verlauf einer Gerichtsverhandlung informieren, z. B. unter:

- www.bussgeldkatalog.org/hauptverhandlung/#ablauf_der_hauptverhandlung_im_strafprozess
- www.anwalt.de/rechtstipps/ablauf-eines-strafverfahrens_068312.html (Stand: 13. 6. 2023)

Sollten die Schülergruppen sehr klein sein oder sollte nur wenig Zeit zur Verfügung stehen, kann statt des Spielens des Gerichtsverfahrens auch lediglich ein Bericht über ein solches, der etwa von einem Gerichtsreporter verfasst wurde, im Podcast vorgetragen werden.

Hausaufgabe

In häuslicher Lektüre lesen die Schülerinnen und Schüler wiederholend das 6. Kapitel »Der Onkel. Leni« aus *Der Process*, Reclam XL, S. 82–101.

ARBEITSBLATT 6

Eine Anklageschrift verfassen

Die Staatsanwaltschaft erhebt eine Anklage, wenn infolge eines Ermittlungsverfahrens der hinreichende Tatverdacht besteht, dass eine strafbare Tat von einem Beschuldigten begangen wurde. Die Anklageschrift ist die Grundlage der mündlichen Verhandlung.

Inhalte der Anklageschrift:	Ort, Datum: Verfasser der Anklageschrift:
Bezeichnung der Person des Angeschuldigten (Name, Wohnort, Geburtstag, Geburtsort, Beruf, Familienstand, Nationalität)	
Genaue Beschreibung des Sachverhaltes, der vorgeworfen wird (unter Angabe von Zeit und Ort)	
Verletzte Strafvorschrift im Wortlaut	
Angabe der Beweismittel (auch Zeugen)	
Ergebnis der Ermittlungen (mit Berücksichtigung und Bewertung/Gewichtung eventuell entlastender Aspekte)	

Arbeitsauftrag:
Verfassen Sie eine Anklageschrift gegen Josef K., hauptsächlich basierend auf den Ereignissen im Kapitel »Der Prügler« (Reclam XL, S. 75–81). Fertigen Sie dafür zunächst eine Planung mit Hilfe der Tabelle an. Sie dürfen geforderte Elemente, die aus dem Romanfragment nicht hervorgehen, erfinden.

7 Familienschande und innere Zerrissenheit von Josef K. erfassen

Sachanalyse

Das 6. Kapitel »Der Onkel. Leni« (Reclam XL, S. 82–101) eignet sich, um in die biografischen Bezüge des Romans, insbesondere das problematische Vater-Sohn-Verhältnis Kafkas, einzuführen und deren interpretatorisches Potenzial auszuloten.

Der Onkel als Vertreter der Vernunftsphäre. K.s Onkel »Karl« (82,5), später »Albert« (90,29 u.ö.) genannt,[1] sein früherer »Vormund« (82,21), ein »kleiner Grundbesitzer vom Lande« (82,5f.), der selten für Erledigungen in die »Hauptstadt« (82,17) kommt, erscheint in der Bank, um den Prozess-Gerüchten, die er von seiner 17-jährigen Tochter Erna gehört hat, nachzugehen.

Der Onkel befürchtet durch K.s Prozess negativen Einfluss auf die Familienehre (87,28–33). »So geht es auch um Scham und Schande«,[2] wenngleich der Onkel zunächst voll Sorge um den Ziehsohn wirkt und ihn bittet, »zu uns aufs Land« (87,6) zu kommen, da er damit auch »dem Gericht gewissermaßen entzogen [sei].« (87,9–10) Die Ruhe seines Neffen angesichts des Prozesses erzürnt ihn sehr. K. zeigt gegenüber seinem Onkel und dessen Wünschen wenig Empathie oder aber starke Abgrenzungstendenzen. Keinesfalls möchte er auf das Land, »denn das würde Flucht und Schuldbewusstsein bedeuten« (88,8f.). »Er hält also noch an seinem Selbstbild fest, das von Anfang an von der Pose des Unschuldig-Verfolgtseins bestimmt war.«[3] Zudem könne er in der Stadt mehr für sich tun, was dem Onkel nun sehr entgegenkommt, der mit Aktivität hofft, den Prozess zu gewinnen. Er führt K. zu seinem ehemaligen Schulkollegen, dem Advokaten Huld, der »als Verteidiger und Armenadvokat einen bedeutenden Ruf« (88,36f.) hat. Dessen Erkrankung entspannt K., da diese den »Eifer, den der Onkel für seine Sache entwickelt hatte« (91,25) dämpft, weil er sich selbst diesem »nicht entgegenstellen« (91,26) konnte. Hier ist ein biografischer Anklang an Kafkas Unvermögen, sich seinem Vater ›entgegenzustellen‹, zu konstatieren.

Nach dem Besuch bei Huld und K.s Absenz bei der vorherigen Besprechung kommt es zur Eskalation des Konflikts zwischen den beiden Generationen. Der Onkel fängt K. ab und beschimpft diesen (101,6–15). Er empfindet – als Vertreter des »normalen«, vernunftorientierten Lebens – K.s »Abstürze« in die Phantasiewelt des Gerichts bzw. des Unbewussten als illegitim.

Advokat Huld als Teil der Gerichtswelt? Wenngleich der Anwalt ein Freund des Onkels ist, hat er sein Büro plus Schlafräume in jener Vorstadt, in der auch die »Gerichtskanzleien waren« (89,19), auf dem Dachboden (vgl. 94,8f.). Da Huld erkrankt ist, empfängt er seine Besucher im Bett. Gerade offizielle oder öffentliche Termine, die an sich für gewöhnlich an anderen Orten und in anderer Bekleidung als der Nachtwäsche absolviert werden, sind im *Process* in den Kontext des privaten Raumes des Schlafzimmers verlegt, sobald das Gericht involviert ist. Somit geschieht eine surreale Verknüpfung von Öffentlichem und Privatem. Der Leser wird desorientiert und destabilisiert, so dass das Empfinden K.s im Zusammenhang mit dem Erleben seines Prozesses nachempfunden werden kann. Das für selbstverständlich und normal Empfundene wird durch diese Bilder ad absurdum geführt, parodiert und in Frage gestellt.[4] Kaum erblickt der Advokat K., als seine Kräfte zurückkehren, und er bemerkt: »Um aufrichtig zu sein, interessiert mich die Sache zu sehr, als dass ich es über mich bringen könnte, auf jede Beteiligung zu verzichten.« (93,14–16) Der Fall des Josef K. scheint also bereits seine Kreise gezogen zu haben und eine größere Angelegenheit zu sein, ohne dass bisher bekannt ist, um was es sich handelt.

Leni als Verführerin der Gerichtssphäre. K. trifft hier zum ersten Mal auf Leni, das Stubenmädchen des Advokaten, mit der er später eine Affäre haben wird. Leni wird beschrieben als Mädchen mit »puppenförmig gerundete[m] Gesicht, nicht nur die bleichen Wangen und das Kinn verliefen rund, auch die Schläfen und die Stirnränder« (90,19–22). Aufgrund des Bezugs zum Kinderspielzeug in dieser Darstellung kann sie der Gerichtswelt zugeordnet werden. Wiederholt sind im *Process* Kinder Wegweiser oder Begleiter K.s, sobald er sich in Räumlichkeiten des Gerichts aufhält. Die Kindern eigene Phantasie und Instinkthaftigkeit steht in Kontrast zur kognitiven Verstandeswelt des Onkels und der Bank, und im Hinblick auf Kafkas Vater der Welt der Erwachsenen. In Leni zeigt sich neben der Kindlichkeit wiederum die Verbindung von Gericht und Sexualität: »Leni ist

1 Diese Inkonsistenz dürfte dem Fragmentcharakter des Romans geschuldet sein.

2 Anette Horn / Peter Horn, *In einer fenster- und türlosen Zelle. Die Romane Franz Kafkas*, Oberhausen 2015, S. 192.

3 Klaus-Detlef Müller, *Franz Kafka. Romane*, Berlin 2007, S. 76.

4 Vgl. Klaus Jeziorkowski, »Das Bett«. in: Hans Dieter Zimmermann (Hrsg.), *Nach erneuter Lektüre: Franz Kafkas »Der Proceß«*, Würzburg 1992, S. 95.

in doppeltem Sinne eine Versucherin: Sie verlockt K. zur Unterwerfung unter das Gericht, und sie verführt ihn sexuell.«[5] Die Anziehung zwischen K. und Leni wird bald deutlich in Blicken und Zuwendungen (vgl. 91,6–10). Die Anziehung wird für K. umso reizvoller, da er von den drei älteren Herren – bislang unbemerkt von den Gästen sitzt auch »der Herr Kanzleidirektor« (95,3 f.) im Raum – quasi ignoriert wird, obwohl es ja um seine Sache geht. Er wird hier also wie ein Kind behandelt, ist, da Kinder ja Teil der Gerichtssphäre sind, stärker auf der Ebene des Prozesses als die Herren, die über ihn verhandeln, und so nutzt er eine Gelegenheit, das Zimmer zu verlassen, um Leni im Arbeitszimmer des Advokaten auszufragen.

Die Zerrissenheit K.s. Diese jedoch möchte K. dazu bringen, sich ihr – und damit der Gerichtssphäre – hinzugeben, doch er ist weiter stark kognitiv orientiert und widersetzt sich ihr anfangs noch, woraufhin sie bemerkt: »stellen Sie aber Ihren Fehler ab, seien Sie nicht mehr so unnachgiebig, gegen dieses Gericht kann man sich ja nicht wehren, man muss das Geständnis machen.« (98,28–31) K. ist aber noch zerrissen zwischen den beiden Sphären. Leni bietet ihm Hilfe an, doch muss sie feststellen: »Aber Sie wollen ja meine Hilfe gar nicht, es liegt Ihnen nichts daran, Sie sind eigensinnig und lassen sich nicht überzeugen.« (99,12–14) Das Foto von Elsa, das er auf ihre Frage nach einer Geliebten hervorzieht, zeigt den Kontrast zwischen den beiden Welten, und Leni stellt fest: »Es liegt Ihnen also gar nicht viel an ihr [...] sie ist also gar nicht Ihre Geliebte.« (99,36 f.) Damit meint sie im übertragenen Sinne seine Welt, an der ihm nicht so viel liegt, die durch Vernunftorientierung geprägt ist. K. widerspricht ihr allerdings, und Leni forscht nach »Fehlern« der Geliebten, um ihn von sich bzw. der Gerichtswelt zu überzeugen. Schließlich zeigt sie ihm ihren »Fehler«, ein vergrößertes Hautfältchen zwischen zwei Fingern, was K. fasziniert, woraufhin er sie »flüchtig küsste und losließ« (100,22 f.). Mit ihrer Schwimmhaut zwischen den Fingern ähnelt Leni einer Amphibie und scheint »dem Sumpf der menschlichen Vorgeschichte noch nicht ganz entwachsen zu sein.«[6] Der Kuss von Josef K. ist für Leni ein Beleg, dass sie auf einem guten Weg ist, diesen für sich und ihre Welt zu gewinnen, sie »biss und küsste seinen Hals, biss selbst in seine Haare« (100,28 f.) und zieht ihn schließlich mit sich auf den Teppich, während sie sagt: »Jetzt gehörst Du mir« (100,33). Der Biss und das Hinabziehen von K. erinnert an Bram Stokers Vampirroman *Dracula*, der 1897 erschienen war. Auch in diesem Roman wird die moderne, wissenschafts- und verstandesorientierte Realität einer mystischen und archaischen Welt gegenübergestellt. Was in der Folge zwischen Leni und K. passiert, wird ausgelassen, der Leser wird mit Lenis Worten »Hier hast Du den Hausschlüssel, komm wann Du willst« (100,34) wieder »eingelassen«. Dieser Absolutheitsanspruch von Leni zeigt ihre Siegesgewissheit, mit ihrer Verführungskunst K. auf die Seite des Gerichts ziehen zu können.

Biografische Anklänge. In diesem Kapitel werden sehr deutlich die beiden Sphären nochmals einander gegenübergestellt, nur wird diesmal die Sphäre der Vernunft ergänzt durch die Bande der Familie. Und da die Familie für Kafka der Platz ist, »von dem Macht, Schuld, Recht und Strafe ihren Ausgang nehmen«,[7] ist es erforderlich, Kafkas Verhältnis zu der die Familie maßgeblich bestimmenden Person seines Vaters näher zu betrachten. In seinem *Brief an den Vater* hat sich Kafka mit dessen Einflüssen auf sein Leben auseinandergesetzt. Kafka verfasste diesen Brief im November 1919, um seine Beziehung zu seinem Vater zu analysieren und sich selbst über dessen Einflüsse auf sein Leben bewusst zu werden. Er hatte durchaus auch vor, diesen Brief seinem Vater zu übergeben, doch als seine Schwester Ottla und seine Mutter ihm davon abrieten, ließ er davon ab.[8] »Der ›Brief an den Vater‹ beschreibt, wie Hermann Kafka strikt geltende Regeln für gutes Benehmen erlässt, die für ihn selbst jedoch nicht gelten. Aus solchen Erfahrungen kam Kafka dazu, Gesetze als der Macht dienende Mechanismen zu betrachten, die auf familiäre Beziehungen zurückgingen. Die von ihren Eltern abhängigen und in den Fesseln ihrer Liebe zu ihnen gebundenen Kinder stimmen der Macht zu, die ihre kurze Lebensphase regelt, und verinnerlichen die Verhaltensmuster, die sie später an ihre eigenen Nachkommen weitergeben. Die Zustimmung, die das Regelsystem der Familie für die Kinder auf Dauer gültig werden lässt, setzt sich in das Leben der Erwachsenen hinein fort und erweitert sich zur Zustimmung zu Regelsystemen sozialer Institutionen überhaupt.«[9] Der Kampf gegen den Vater war für Kafka also letztlich ein »Kampf gegen Übermacht. Der Familie als Ganzer galt sein Haß, der Vater war nichts als der mächtigste Teil dieser Familie; als die Gefahr einer eigenen Familie drohte, hatte der Kampf gegen Felice dasselbe Motiv und denselben Charakter«[10] (siehe dazu auch die Sachanalyse zu Kapitel 1).

5 Müller (Anm. 3), S. 77.
6 Horn/Horn (Anm. 2), S. 175.

7 Richie Robertson, *Franz Kafka. Leben und Schreiben*, Darmstadt 2009, S. 95.
8 Vgl. ebd., S. 11.
9 Ebd., S. 95.
10 Elias Canetti, *Der andere Prozeß. Kafkas Briefe an Felice*, München 1969, S. 92.

Unterrichtsverlauf

Überblick. Die Schülerinnen und Schüler erkennen, wie sich das schwierige Verhältnis zwischen Kafka und seinem Vater im Romanfragment, speziell im Kapitel »Der Onkel. Leni«, widerspiegelt. ! Verkürzter Verlauf: 7.1 – 7.2 – 7.3 – 7.4

Phase	Thema	Sozialform	Kompetenzen und Lernziele	Materialien
Voraussetzungen: Textkenntnis bis S. 101				
7.1	Einstieg: Kafkas Brief an den Vater	EA / UG	• Biografische Hintergründe des Romanfragments erkennen • Literarische Motive zuordnen	ARBEITSBLATT 7 ➤ S. 58–60 TAFELBILD 7a ➤ S. 55
7.2	Beziehung von Josef K. zu seiner Familie	EA / UG	• Familienstruktur in eine Grafik umsetzen • Beziehung zur Autorbiografie herstellen	TAFELBILD 7b ➤ S. 55
7.3	Verhältnis der Figuren im Standbild	GA / UG	• Fremdverstehen entwickeln • Visuellen Überblick über die Szene erlangen	
7.4	Figurenzuordnung zu den beiden Sphären	PA / UG	• Personenkonstellation der zwei Sphären erstellen • Die Folge für den Protagonisten verstehen	TAFELBILD 7c ➤ S. 56
7.5 fakultativ	Die Zerrissenheit Kafkas im Podcast	GA	• Biografische Ähnlichkeiten von Josef K. und Kafka wahrnehmen • Verständnis für beide entwickeln	
HA	Wiederholendes Lesen des Teilkapitels »Advokat« (Anfang des 7. Kapitels)			*Der Process* Reclam XL, S. 102–117, Z. 8

7.1 Einstieg: Kafkas Brief an den Vater

EA / UG
ARBEITSBLATT 7
➤ S. 58–60
TAFELBILD 7a
➤ S. 55
Internetzugang

Unterrichtsschritt. Die Schülerinnen und Schüler wiederholen und vertiefen ihre Kenntnisse von Kafkas Verhältnis zu seinem Vater und stellen Bezüge zum Romanfragment her. Als Einstieg eignet sich das kurze Video aus »Sommers Weltliteratur to go« (www.youtube.com/watch?v=inO6hgGkcho), in dem Kafkas Brief an den Vater knapp und humorvoll dargestellt wird. Anschließend wird das ARBEITSBLATT 7 ***Ausschnitte aus Kafkas »Brief an den Vater«*** gelesen; vertiefend können die Auszüge im Anhang der Ausgabe *Der Process*, Reclam XL, Kapitel 3.2.3 und 3.2.4 hinzugezogen werden. Die Schülerinnen und Schüler stellen Aspekte zusammen, inwieweit Motive aus dem *Process* das biografisch Erfahrene spiegeln. Die Ergebnisse werden in TAFELBILD 7a gesammelt.

7.2 Beziehung von Josef K. zu seiner Familie

EA / UG
TAFELBILD 7b
➤ S. 55

Unterrichtsschritt. Die Schülerinnen und Schüler setzen sich in Einzelarbeit mit dem Kapitel »Der Onkel. Leni« (Reclam XL, S. 82–101) und der Beziehung von Josef K. zu seiner Familie auseinander, indem sie eine Übersichtsgrafik (Figurendiagramm) dazu erstellen. Im Anschluss werden die Ergebnisse im Plenum besprochen und Parallelen zwischen dem Onkel K.s und Kafkas Vater erörtert. Die Ergebnisse können in TAFELBILD 7b festgehalten werden.

TAFELBILD 7a

Motivliche Spiegelung biografischer Aspekte im Romanfragment

Biografie Kafkas	*Der Process*
Furcht vor dem Vater	Furcht vor dem Gericht
Grundlose Zugriffe auf den Sohn, Richten über den Sohn	Schuldlose Verurteilung
Rätselhafte Vatergestalt	Rätselhaftes Agieren des Gerichts
Verschiedene Welten (Sklavenwelt/Regierungswelt)	Sphäre des Alltags von Josef K. / Sphäre des Gerichts
Leben in Schande und Schuldbewusstsein	Schuldfrage, Scham
Mächtiger Vater	Macht des Gerichts
Mutter als Urbild der Vernunft	Verstandesorientierte Sphäre von Josef K.
Mutter als Hetzerin bei der Jagd	Bild der Göttin der Jagd bei Titorelli; Aussage Lenis: Sie hetzen dich

TAFELBILD 7b

Das Verhältnis von Josef K. zu seiner Familie

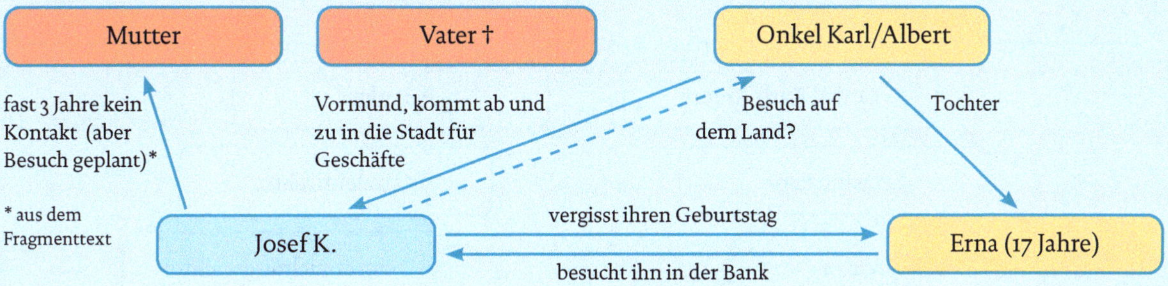

➤ Fazit: Josef K. kümmert sich kaum um seine Familie

Parallelen zur Biografie Kafkas

- Der Onkel weist Züge von Kafkas Vater auf (selbstbewusst, bestimmend, unberechenbar, unergründlich, K. beschimpfend, urteilend über K., über K. Bescheid wissend; K. kann den Anforderungen nicht standhalten)
- K. leistet »passiven Widerstand«, indem er sich dem durch die Hinwendung zu Leni entzieht und widersetzt ➤ Kafka widersetzt sich schreibend dem Vater

7.3 Verhältnis der Figuren im Standbild

Unterrichtsschritt. Die Schülerinnen und Schüler entwickeln ein Standbild, das eine selbst gewählte (oder zugewiesene) wichtige Szene des 6. Kapitels »Der Onkel. Leni« (Reclam XL, S. 82–101) bzw. ihre Deutung einer Szene charakteristisch zusammenfasst (z. B. könnte die Zerrissenheit von Josef K. zwischen der »heilen Welt« des Onkels und Lenis Welt der Sphäre des Gerichts dargestellt werden). Die Darstellungen werden im Plenum gezeigt und besprochen. Sie können zur Ergebnissicherung fotografisch festgehalten werden. GA / UG

Erläuterungen. Im Standbild stellen die Schülerinnen und Schüler die Konstellation im Freeze (also ohne Bewegung) nach, ohne dazu ein Wort zu sagen. Bei genügender Personenzahl pro Gruppe wird ein Regisseur gewählt, der die Gruppe formt. Ansonsten überlegt sich die Gruppe selbst, auf welche Weise Charaktere, Beziehungen, Handlungen in Szene gesetzt werden können. Im Freeze erläutern die Schülerinnen und Schüler ihre Gefühle in der Rolle und Position. Auf diese Weise entwickeln die Schülerinnen und Schüler neben Fremdverstehen für die Figuren auch einen visuellen Überblick über die Situation der Szene.

Die Gruppen können nach den vier Szenen (siehe Vorschlag) aufgeteilt werden oder sie wählen sich selbst eine Szene aus, die sie darstellen. Die Gruppengröße sollte pro Szene zwischen 2–4 Personen sein.

Vorschlag zur Einteilung der Gruppen und Szenen:

- Der Onkel und K. in der Bank
- Der Onkel und K. im Zimmer des Advokaten
- Leni und K.
- Der Onkel und K. vor dem Haus

7.4 Figurenzuordnung zu den beiden Sphären

PA / UG

TAFELBILD 7c

➤ S. 56

Unterrichtsschritt. Die bisher bekannten Figuren aus dem Romanfragment werden den beiden Sphären »reguläres (Alltags-)Leben« und »Gericht« zugeordnet. Das TAFELBILD 7c kann aus der Erstlektüre des gesamten Romanfragments um Titorelli und weitere Figuren ergänzt werden, die der Lerngruppe noch einfallen.

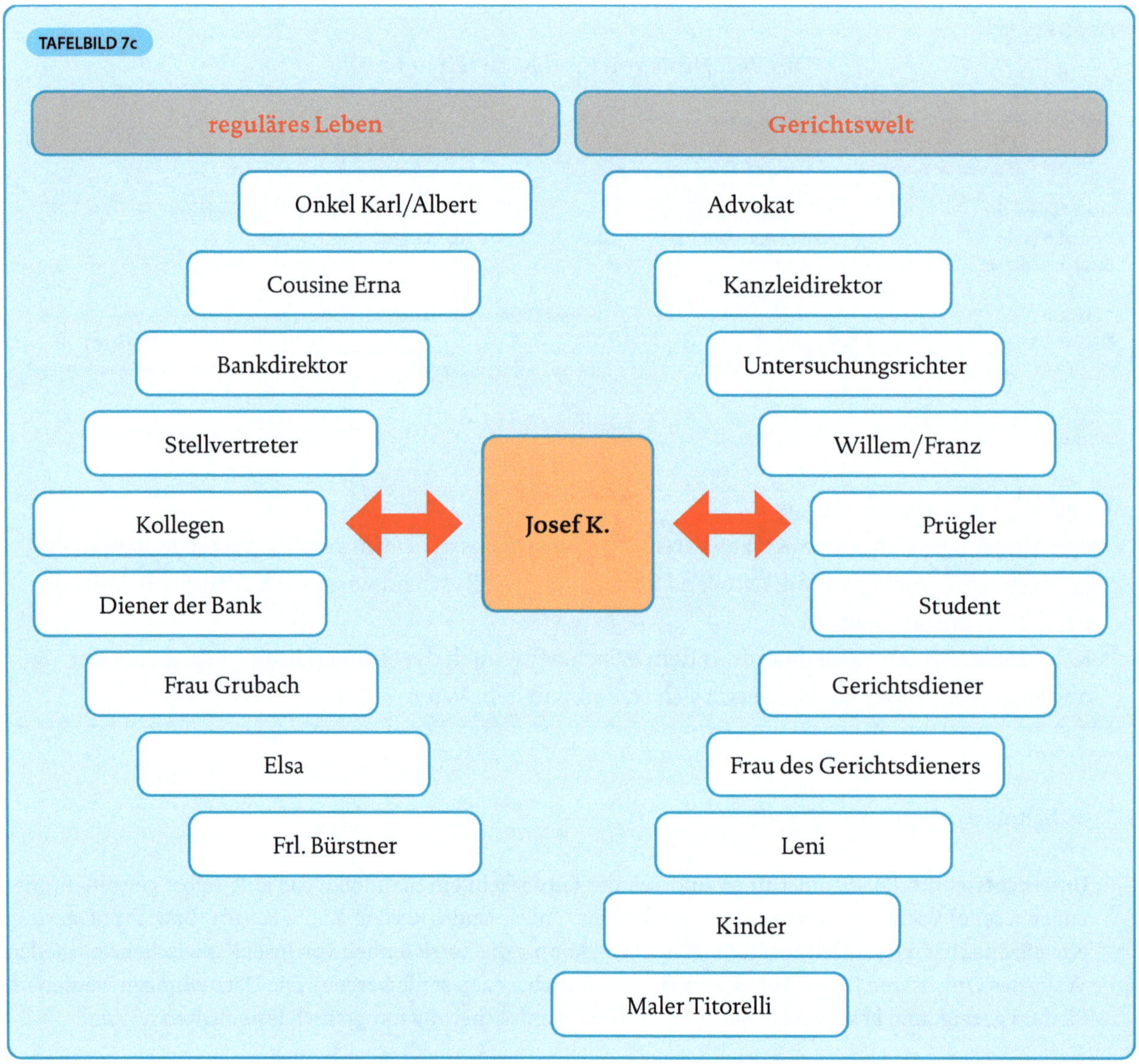

Erläuterungen. Aus dem TAFELBILD 7c geht die Zerrissenheit von Josef K. deutlich hervor: Er ist in beide Welten involviert, hat aber zu allen Vertretern ein ambivalentes Verhältnis. Diese Situation spiegelt Kafkas eigene Zerrissenheit.

7.5 Die Zerrissenheit Kafkas im Podcast (fakultativ)

Unterrichtsschritt. Im Podcast wird die Zerrissenheit Kafkas näher beleuchtet. Unterstützend können die angegebenen Online-Artikel gelesen oder im Internet selbstständig recherchiert werden. Bei genügend Zeit ist es möglich, aus diesen Erkenntnissen heraus nochmals Bezüge zu Josef K. oder/und zum eigenen Leben der Schülerinnen und Schüler herzustellen. GA Internetzugang

Erläuterungen. Die Zerrissenheit Kafkas lässt sich z. B. in folgenden Hinsichten entfalten:

- Gebundensein (Ehe, Familie) *versus* Freiheit
- Beruf in Versicherung, Asbestbetrieb *versus* Schriftstellerei
- Angepasstsein, Erfüllung der Erwartungen der Familie *versus* Rebellion, Auflehnung
- Reden *versus* Briefe schreiben

Online-Material zur Unterstützung findet sich z. B. hier (Stand: 30. 7. 2024):

- www.faz.net/aktuell/feuilleton/kafkas-saetze-4-ich-zerreisse-dich-wie-einen-fisch-1664848.html
- buecheratlas.com/2021/12/14/ich-war-einmal-ein-groser-zeichner-franz-kafkas-zeichnungen-von-denen-die-meisten-bislang-in-tresoren-weggeschlossen-waren-liegen-nun-erstmals-in-einem-band-vor

Hausaufgabe

In häuslicher Lektüre lesen die Schülerinnen und Schüler wiederholend *Der Process*, Reclam XL, S. 102–117, Z. 8 (den Teil »Advokat« des 7. Kapitels).

Ausschnitte aus Kafkas »Brief an den Vater«

Liebster Vater,

Du hast mich letzthin einmal gefragt, warum ich behaupte, ich hätte Furcht vor Dir. Ich wußte Dir, wie gewöhnlich, nichts zu antworten, zum Teil eben aus der Furcht, die ich vor Dir habe, zum Teil deshalb, weil zur Begründung dieser Furcht zu viele Einzelheiten gehören, als daß ich sie im Reden halbwegs zusammenhalten könnte. Und wenn ich hier versuche, Dir schriftlich zu antworten, so wird es doch nur sehr unvollständig sein, weil auch im Schreiben die Furcht und ihre Folgen mich Dir gegenüber behindern und weil die Größe des Stoffs über mein Gedächtnis und meinen Verstand weit hinausgeht. […]

Direkt erinnere ich mich nur an einen Vorfall aus den ersten Jahren. Du erinnerst Dich vielleicht auch daran. Ich winselte einmal in der Nacht immerfort um Wasser, gewiß nicht aus Durst, sondern wahrscheinlich teils um zu ärgern, teils um mich zu unterhalten. Nachdem einige starke Drohungen nicht geholfen hatten, nahmst Du mich aus dem Bett, trugst mich auf die Pawlatsche und ließest mich dort allein vor der geschlossenen Tür ein Weilchen im Hemd stehn. Ich will nicht sagen, daß das unrichtig war, vielleicht war damals die Nachtruhe auf andere Weise wirklich nicht zu verschaffen, ich will aber damit Deine Erziehungsmittel und ihre Wirkung auf mich charakterisieren. Ich war damals nachher wohl schon folgsam, aber ich hatte einen inneren Schaden davon. Das für mich Selbstverständliche des sinnlosen Ums-Wasser-Bittens und das außerordentlich Schreckliche des Hinausgetragenwerdens konnte ich meiner Natur nach niemals in die richtige Verbindung bringen. Noch nach Jahren litt ich unter der quälenden Vorstellung, daß der riesige Mann, mein Vater, die letzte Instanz, fast ohne Grund kommen und mich in der Nacht aus dem Bett auf die Pawlatsche tragen konnte und daß ich also ein solches Nichts für ihn war. […]

Damals und damals überall hätte ich die Aufmunterung gebraucht. Ich war ja schon niedergedrückt durch Deine bloße Körperlichkeit. Ich erinnere mich zum Beispiel daran, wie wir uns öfters zusammen in einer Kabine auszogen. Ich mager, schwach, schmal, Du stark, groß, breit. Schon in der Kabine kam ich mir jämmerlich vor, und zwar nicht nur vor Dir, sondern vor der ganzen Welt, denn Du warst für mich das Maß aller Dinge. Traten wir dann aber aus der Kabine vor die Leute hinaus, ich an Deiner Hand, ein kleines Gerippe, unsicher, bloßfüßig auf den Planken, in Angst vor dem Wasser, unfähig Deine Schwimmbewegungen nachzumachen, die Du mir in guter Absicht, aber tatsächlich zu meiner tiefen Beschämung immerfort vormachtest, dann war ich sehr verzweifelt und alle meine schlimmen Erfahrungen auf allen Gebieten stimmten in solchen Augenblicken großartig zusammen. Am wohlsten war mir noch, wenn Du Dich manchmal zuerst auszogst und ich allein in der Kabine bleiben und die Schande des öffentlichen Auftretens so lange hinauszögern konnte, bis Du endlich nachschauen kamst und mich aus der Kabine triebst. Dankbar war ich Dir dafür, daß Du meine Not nicht zu bemerken schienest, auch war ich stolz auf den Körper meines Vaters. Übrigens besteht zwischen uns dieser Unterschied heute noch ähnlich.

Dem entsprach weiter Deine geistige Oberherrschaft. Du hattest Dich allein durch eigene Kraft so hoch hinaufgearbeitet, infolgedessen hattest Du unbeschränktes Vertrauen zu Deiner Meinung. Das war für mich als Kind nicht einmal so blendend wie später für den heranwachsenden jungen Menschen. In Deinem Lehnstuhl regiertest Du die Welt. Deine Meinung war richtig, jede andere war verrückt, überspannt, meschugge, nicht normal. Dabei war Dein Selbstvertrauen so groß, daß Du gar nicht konsequent sein mußtest und doch nicht aufhörtest recht zu haben. Es konnte auch vorkommen, daß Du in einer Sache gar keine Meinung hattest und infolgedessen alle Meinungen, die hinsichtlich der Sache überhaupt möglich waren, ohne Ausnahme falsch sein mußten. Du konntest zum Beispiel auf die Tschechen schimpfen, dann auf die Deutschen, dann auf die Juden, und zwar nicht nur in Auswahl, sondern in jeder Hinsicht, und schließlich blieb niemand mehr übrig außer Dir. Du bekamst für mich das Rätselhafte, das alle Tyrannen haben, deren Recht auf ihrer Person, nicht auf dem Denken begründet ist. Wenigstens schien es mir so. […]

Da ich als Kind hauptsächlich beim Essen mit Dir beisammen war, war Dein Unterricht zum großen Teil Unterricht im richtigen Benehmen bei Tisch. Was auf den Tisch kam, mußte aufgegessen, über die Güte des Essens durfte nicht gesprochen werden – Du aber fandest das Essen oft ungenießbar; nanntest es »das Fressen« – das »Vieh« (die Köchin) hatte es verdorben. Weil Du entsprechend Deinem kräftigen Hunger und Deiner besonderen Vorliebe alles schnell, heiß und in großen Bissen gegessen hast, mußte sich das Kind beeilen, düstere Stille war bei Tisch, unterbrochen von Ermahnungen: »zuerst iß, dann sprich« oder »schneller, schneller, schneller« oder »siehst Du, ich habe schon längst aufgegessen«. Knochen durfte man nicht zerreißen, Du ja. Essig durfte man nicht schlürfen, Du ja. Die Hauptsache war, daß man das Brot gerade schnitt; daß Du das aber mit einem von Sauce triefenden Messer tatest, war gleichgültig. Man mußte achtgeben, daß keine Speisereste auf den Boden fielen, unter Dir lag schließlich am meisten. Bei Tisch durfte man sich nur mit Essen beschäftigen, Du aber putztest und schnittest Dir die Nägel, spitztest Bleistifte, reinigtest mit dem Zahnstocher die Ohren. Bitte, Vater, verstehe mich recht, das wären an sich vollständig unbedeutende Einzelheiten gewesen, niederdrückend wurden sie für mich erst dadurch, daß Du, der für mich so ungeheuer maßgebende Mensch, Dich selbst an die Gebote nicht hieltest, die Du mir auferlegtest. Dadurch wurde die Welt für mich in drei Teile geteilt, in einen, wo ich, der Sklave, lebte, unter Gesetzen, die nur für mich erfunden waren und denen ich überdies, ich wußte nicht warum, niemals völlig entsprechen konnte, dann in eine zweite Welt, die unendlich von meiner entfernt war, in der Du lebtest, beschäftigt mit der Regierung, mit dem Ausgeben der Befehle und mit dem Ärger wegen deren Nichtbefolgung, und schließlich in eine dritte Welt, wo die übrigen Leute glücklich und frei von Befehlen und Gehorchen lebten. Ich war immerfort in Schande, entweder befolgte ich Deine Befehle, das war Schande, denn sie galten ja nur für mich; oder ich war trotzig, das war auch Schande, denn wie durfte ich Dir gegenüber trotzig sein, oder ich konnte nicht folgen, weil ich zum Beispiel nicht Deine Kraft, nicht Deinen Appetit, nicht Deine Geschicklichkeit hatte, trotzdem Du es als etwas Selbstverständliches von mir verlangtest; das war allerdings die größte Schande. In dieser Weise bewegten sich nicht die Überlegungen, aber das Gefühl des Kindes. […]

Die Unmöglichkeit des ruhigen Verkehrs hatte noch eine weitere eigentlich sehr natürliche Folge: ich verlernte das Reden. Ich wäre ja wohl auch sonst kein großer Redner geworden, aber die gewöhnlich fließende menschliche Sprache hätte ich doch beherrscht. Du hast mir aber schon früh das Wort verboten. Deine Drohung: »kein Wort der Widerrede!« und die dazu erhobene Hand begleiten mich schon seit jeher. Ich bekam vor Dir – Du bist, sobald es um Deine Dinge geht, ein ausgezeichneter Redner – eine stockende, stotternde Art des Sprechens, auch das war Dir noch zu viel, schließlich schwieg ich, zuerst vielleicht aus Trotz, dann, weil ich vor Dir weder denken noch reden konnte. Und weil Du mein eigentlicher Erzieher warst, wirkte das überall in meinem Leben nach. Es ist überhaupt ein merkwürdiger Irrtum, wenn Du glaubst, ich hätte mich Dir nie gefügt. »Immer alles contra« ist wirklich nicht mein Lebensgrundsatz Dir gegenüber gewesen, wie Du glaubst und mir vorwirfst. Im Gegenteil: hätte ich Dir weniger gefolgt, Du wärest sicher viel zufriedener mit mir. […]

Das Schimpfen verstärktest Du mit Drohen, und das galt nun auch schon mir. Schrecklich war mir zum Beispiel dieses: »ich zerreiße Dich wie einen Fisch«, trotzdem ich ja wußte, daß dem nichts

Schlimmeres nachfolgte (als kleines Kind wußte ich das allerdings nicht), aber es entsprach fast meinen Vorstellungen von Deiner Macht, daß Du auch das imstande gewesen wärest. Schrecklich war es auch, wenn Du schreiend um den Tisch herumliefst, um einen zu fassen, offenbar gar nicht fassen wolltest, aber doch so tatest und die Mutter einen schließlich scheinbar rettete. Wieder hatte man einmal, so schien es dem Kind, das Leben durch Deine Gnade behalten und trug es als Dein unverdientes Geschenk weiter. Hierher gehören auch die Drohungen wegen der Folgen des Ungehorsams. Wenn ich etwas zu tun anfing, was Dir nicht gefiel, und Du drohtest mir mit dem Mißerfolg, so war die Ehrfurcht vor Deiner Meinung so groß, daß damit der Mißerfolg, wenn auch vielleicht erst für eine spätere Zeit, unaufhaltsam war. Ich verlor das Vertrauen zu eigenem Tun. Ich war unbeständig, zweifelhaft. Je älter ich wurde, desto größer war das Material, das Du mir zum Beweis meiner Wertlosigkeit entgegenhalten konntest; allmählich bekamst Du in gewisser Hinsicht wirklich recht. Wieder hüte ich mich zu behaupten, daß ich nur durch Dich so wurde; Du verstärktest nur, was war, aber Du verstärktest es sehr, weil Du eben mir gegenüber sehr mächtig warst und alle Macht dazu verwendetest. […]

Es ist wahr, daß die Mutter grenzenlos gut zu mir war, aber alles das stand für mich in Beziehung zu Dir, also in keiner guten Beziehung. Die Mutter hatte unbewußt die Rolle eines Treibers in der Jagd. Wenn schon Deine Erziehung in irgendeinem unwahrscheinlichen Fall mich durch Erzeugung von Trotz, Abneigung oder gar Haß auf eigene Füße hätte stellen können, so glich das die Mutter durch Gutsein, durch vernünftige Rede (sie war im Wirrwarr der Kindheit das Urbild der Vernunft), durch Fürbitte wieder aus, und ich war wieder in Deinen Kreis zurückgetrieben, aus dem ich sonst vielleicht, Dir und mir zum Vorteil, ausgebrochen wäre. Oder es war so, daß es zu keiner eigentlichen Versöhnung kam, daß die Mutter mich vor Dir bloß im Geheimen schützte, mir im Geheimen etwas gab, etwas erlaubte, dann war ich wieder vor Dir das lichtscheue Wesen, der Betrüger, der Schuldbewußte, der wegen seiner Nichtigkeit selbst zu dem, was er für sein Recht hielt, nur auf Schleichwegen kommen konnte. Natürlich gewöhnte ich mich dann, auf diesen Wegen auch das zu suchen, worauf ich, selbst meiner Meinung nach, kein Recht hatte. Das war wieder Vergrößerung des Schuldbewußtseins.

Es ist auch wahr, daß Du mich kaum einmal wirklich geschlagen hast. Aber das Schreien, das Rotwerden Deines Gesichts, das eilige Losmachen der Hosenträger, ihr Bereitliegen auf der Stuhllehne, war für mich fast ärger. Es ist, wie wenn einer gehängt werden soll. Wird er wirklich gehenkt, dann ist er tot und es ist alles vorüber. Wenn er aber alle Vorbereitungen zum Gehenktwerden miterleben muß und erst wenn ihm die Schlinge vor dem Gesicht hängt, von seiner Begnadigung erfährt, so kann er sein Leben lang daran zu leiden haben. Überdies sammelte sich aus diesen vielen Malen, wo ich Deiner deutlich gezeigten Meinung nach Prügel verdient hätte, ihnen aber aus Deiner Gnade noch knapp entgangen war, wieder nur ein großes Schuldbewußtsein an. Von allen Seiten her kam ich in Deine Schuld. […]

Ich verlor dadurch nicht nur den Familiensinn, wie Du sagst, im Gegenteil, eher hatte ich noch Sinn für die Familie, allerdings hauptsächlich negativ für die (natürlich nie zu beendigende) innere Ablösung von Dir. Die Beziehungen zu den Menschen außerhalb der Familie litten aber durch Deinen Einfluß womöglich noch mehr. Du bist durchaus im Irrtum, wenn Du glaubst, für die anderen Menschen tue ich aus Liebe und Treue alles, für Dich und die Familie aus Kälte und Verrat nichts. Ich wiederhole zum zehntenmal: ich wäre wahrscheinlich auch sonst ein menschenscheuer, ängstlicher Mensch geworden, aber von da ist noch ein langer, dunkler Weg dorthin, wohin ich wirklich gekommen bin.

Franz Kafka: Brief an den Vater. In: Projekt Gutenberg-DE. www.projekt-gutenberg.org/kafka/vater/vater.html (30.1.2023)

8 Die Rolle höherer Mächte beurteilen

Sachanalyse

Das Teilkapitel »Advokat« des 7. Kapitels (Reclam XL, S. 102–117) eignet sich, um das von K. als undurchsichtig empfundene Eingreifen des Gerichts in seine Welt zu beleuchten und es mit einem dem Menschen begegnenden nicht beeinflussbaren Schicksal zu vergleichen. »Diese Schilderung der grotesken und alptraumhaften Gerichtswelt gehört zu den eindrucksvollsten und suggestivsten Passagen des Romans.«[1]

Die Paradoxien des geheimen Verfahrens als Anspielung auf das Schicksal. »In einer gesteigerten Folge von Paradoxien wird [nunmehr] deutlich, daß das Verfahren vor den Anwälten, der Öffentlichkeit, den Angeklagten und selbst den unteren Beamten geheim ist.«[2] Der Advokat führt nämlich aus, dass er seine bisher geführten Prozesse nicht beweisen kann, da diese geheim seien (vgl. 103,18), genau wie der gesamte Prozess, so dass auch »die Anklageschrift dem Angeklagten und seiner Verteidigung unzugänglich« (104,5–6) sei. Aufgrund der Geheimhaltung der Akten kennen auch die unteren Beamten diese nicht und wissen auch deren Fortgang nicht (108,4–6). Die »Anklagepunkte« könnten aber »erraten werden« (ebd.), wenn der Angeklagte einige Verhöre hinter sich habe. Diese Paradoxie kann als Anspielung auf Unvorhersehbarkeiten und Unwägbarkeiten im Leben verstanden werden und leitet hin zu der Frage, wie ein optimales Handeln angesichts der beständigen Ungewissheit möglich ist. Der Prozess bzw. das Gericht in seiner Rolle als Schicksal kann jeden Menschen treffen und ist nicht beeinflussbar: Man kann ihm nicht entkommen, es dringt in die Privat- und Berufssphäre ein, und der individuelle Aktionsradius hält sich in Grenzen.

Die Ohnmacht des Einzelnen. Daher ist der Prozess seitens K. auch nicht beeinflussbar, was dem Advokaten ganz klar ist (vgl. 109,14 f.): Zunächst versuche – wie K. auch – jeder Mensch, das Schicksal in seinem Sinne umzugestalten, hadere und »[verschwende] damit oft Zeit und Kraft […], die anders viel besser verwendet werden könnte. Das einzig Richtige sei es, sich mit den vorhandenen Verhältnissen abzufinden.« (109,19–21) Die fast schon buddhistische bzw. taoistisch zu nennende Einstellung Kafkas, die hier zum Ausdruck kommt, bestätigt Canetti.[3]

Doch K. entscheidet sich zunächst dafür, dem Advokaten das Mandat zu entziehen und doch selbst in den Prozess einzugreifen. »Die Einsicht führt zu Erwägungen, die, wenn man von der Verhaftung selbst absieht, den wichtigsten Schritt in Richtung auf eine potentielle Selbstverwirklichung im Roman darstellen.«[4] Noch ist K. also trotz der Reden des Advokaten über die Unausweichlichkeit des Prozessausgangs fest davon überzeugt, diesen zu seinen Gunsten beeinflussen zu können, durch Anstrengungen und Können. »[A]lles scheint von vorn herein bestimmt, so dass man keinen Einfluss auf den Ausgang des Prozesses hat. Dennoch will man aber nichts unversucht lassen, da dies in der menschlichen Natur zu liegen scheint, seine Situation doch noch zum Besseren zu wenden:«[5] »Nur nicht auf halbem Wege stehn bleiben, das war nicht nur in Geschäften sondern immer und überall das Unsinnigste.« (116,8–10) Die moderne Denkweise der Möglichkeit der Einflussnahme auf ein Schicksal spiegelt K.s Ansichten. Doch trifft das nicht auf alle Lebensbereiche zu, so z. B. nicht auf Liebesangelegenheiten, auf die Kafka mit dem Verweis auf Fräulein Bürstner hindeutet: »das Verhältnis zu Fräulein Bürstner schien entsprechend dem Prozess zu schwanken« (114,16 f.). Dies stellt biografisch auch eine Parallele dar zu seinem Verhältnis zu Felice, wenn er schreibt: »Manchmal denke ich, Du hast doch, Felice, eine solche Macht über mich«[6].

Die Ohnmacht anderer. Hilfestellung durch andere – hier den Advokaten oder übertragen z. B. Familienangehörige, Freunde, Psychologen – ist ebenfalls nur bedingt sinnvoll. Zumal diesen ebenfalls nicht bekannt ist, was passieren wird. Auch eine »Verteidigung ist nämlich durch das Gesetz nicht eigentlich gestattet, sondern nur geduldet […]. Es gibt daher strenggenommen gar keine vom Gericht anerkannten Advokaten, alle die vor diesem Gericht als Advokaten auftreten, sind im Grunde nur Winkeladvokaten.« (104,16–22) Der Advokat begründet das so: »Man will die Verteidigung möglichst ausschalten, alles soll auf den Angeklagten selbst gestellt sein.« (105,10–12) Im Hinblick auf eine schicksalsbezogene oder religiöse Auffassung kann das bedeuten: Jeder hat selbst seine Schwierigkeiten im Leben zu bewältigen, ist in gewis-

1 Klaus-Detlef Müller, *Franz Kafka. Romane*, Berlin 2007, S. 79.
2 Ebd., S. 80.
3 Vgl. Elias Canetti, *Der andere Prozeß. Kafkas Briefe an Felice*, München 1969, S. 101 f.
4 Ralf R. Nicolai, *Kafkas »Prozess«. Motive und Gestalten*, Würzburg 1986, S. 149.
5 Anette Horn / Peter Horn, *In einer fenster- und türlosen Zelle. Die Romane Franz Kafkas*, Oberhausen 2015, S. 145.
6 Vgl. Canetti (Anm. 3), S. 37.

sem Sinne einer höheren Macht also ausgeliefert und muss das ihn Belastende auf seine Art schaffen. »Man müßte sich für den naiven Gebrauch des Wortes ›Macht‹ entschuldigen, wäre es nicht Kafka selbst, der es, aller Vieldeutigkeit zum Trotz, ungescheut gebraucht. Das Wort taucht in den verschiedensten Zusammenhängen bei ihm auf.«[7] Und so funktioniert eben das Leben wie ein »Prozess« – in den Worten des Advokaten: Die »von Anfang an für einen guten Ausgang bestimmten Prozesse [haben] ein gutes Ende genommen, wie es auch ohne Mithilfe geschehen wäre, während alle andern verloren gegangen sind, trotz alles Nebenherlaufens, aller Mühe, aller kleinen scheinbaren Erfolge, über die man solche Freude hatte.« (110,24–29)

Reflexion als Lösung. Einen Ausweg schiene es für K. jedoch zu geben durch eine Reflexion über sein eigenes bisheriges Leben. Dafür müssten Fragen gestellt werden. Das macht der Advokat in K.s Augen zu wenig, was ihn dazu bringt, diesen zu entlassen und selbst eine Eingabe zu verfassen. »Und hier war doch so viel zu fragen. Fragen war die Hauptsache.« (102,30–31) In der Tat sind es Fragen, die auch im Hinblick auf eine generelle Veränderung von Lebensumständen zu Erkenntnissen hinleiten. Doch K. weiß immer noch nicht, worum es geht und wogegen er sich verteidigen soll, und will das auch nicht wirklich wissen. Denn um das zu klären, müsste »das ganze Leben in den kleinsten Handlungen und Ereignissen in die Erinnerung zurückgebracht, dargestellt und von allen Seiten überprüft werden« (116,17–20). K. will sich aber keiner solcherart zeitaufwändigen und psychologisch intensiven Reflexion widmen, und damit ist das Scheitern vorprogrammiert.

7 Ebd., S. 93.

Unterrichtsverlauf

Überblick. Die Schülerinnen und Schüler erfahren anhand des Teilkapitels »Advokat« des 7. Kapitels (Reclam XL, S. 102–117) eine Deutung der Motivik im Hinblick auf das Eingreifen höherer Mächte in Form des Gerichts in Josef K.s Leben. Diese Deutung wird ausgeweitet auf die Biografie Kafkas und das Leben der Schülerinnen und Schüler selbst. ! Verkürzter Verlauf: 8.1 – 8.2 – 8.3 – 8.4

Phase	Thema	Sozialform	Kompetenzen und Lernziele	Materialien
Voraussetzungen: Textkenntnis bis S. 117				
8.1	Einstieg: Timeline zum Eingreifen des Schicksals ins eigene Leben	EA / UG	• Fremdverstehen erlangen • Subjektiven Bezug erkennen • Die Nicht-Beeinflussbarkeit mancher Ereignisse verstehen	VORLAGE 8a ➤ S. 63
8.2	Timeline zum Schicksal in Kafkas Leben	PA / UG	• Einfluss der Biografie auf Kafkas Schreiben wahrnehmen	VORLAGE 8a ➤ S. 63 ARBEITSBLATT 7 ➤ S. 58–60
8.3	Art der Prozessabwicklung	EA / UG	• Kenntnis über die Inhalte der Rede des Advokaten erhalten	
8.4	Deutung des Verfahrens	PA / UG	• Ein Motiv schlüssig interpretieren • Bezug zum eigenen Leben herstellen	ARBEITSBLATT 8 ➤ S. 66
8.5 **fakultativ**	Hörerfragen im Podcast	GA	• Fremdverstehen und Identitätsbildung entwickeln • Sprachliche Ausdrucksweisen nachvollziehen	VORLAGE 8b ➤ S. 65
HA	Wiederholendes Lesen des Teilkapitels »Fabrikant. Maler«			*Der Process* Reclam XL, 117,9–151

8.1 Einstieg: Timeline zum Eingreifen des Schicksals ins eigene Leben

Unterrichtsschritt. Die Schülerinnen und Schüler zeichnen in Einzelarbeit eine Zeitleiste (VORLAGE 8a *Timeline*, Arbeitsauftrag 1), auf der sie einschneidende Erlebnisse in ihrem Leben notieren. Einzelne Timelines können vorgestellt werden. Im gemeinsamen Unterrichtsgespräch wird besprochen, welche Rolle das Schicksal oder eine andere nicht beeinflussbare höhere Macht bei einzelnen Ereignissen spielte.

EA / UG

VORLAGE 8a
➤ S. 63

Erläuterungen. Das Erstellen der Timeline ermöglicht den subjektiven Lebensbezug – ein wichtiges Ziel in der Literaturvermittlung. Die Schülerinnen und Schüler begreifen dadurch zugleich besser, inwieweit Kafka in seinem *Process* – je nach Deutung – das Gericht mit dem Eingreifen des Schicksals oder einer höheren Macht gleichsetzt. Gerade Schülerinnen und Schüler machen sich aufgrund ihrer geringen Lebenserfahrung häufig noch wenig Gedanken über die Macht von nicht durch eigene Kräfte beeinflussbaren Gewalten über das eigene Leben. Durch die Timeline können sie sich möglichen Gedanken Kafkas annähern. Ein Ergebnis der Besprechung könnte darin liegen, dass die Auswirkungen des Schicksals bei als negativ empfundenen Ereignissen wie Krankheit, Trennung oder Tod häufig als stärker empfunden werden als bei positiv wahrgenommenen. Die Ereignisse können sich auch auf subjektiv als »klein« empfundene Erlebnisse wie den Schulbeginn, eine schlechte Note, Freundschaften etc. beziehen.

Mögliche Leitfragen für die Arbeit im Plenum:
- Haben Sie das Ereignis jeweils selbst herbeigeführt?
- Konnten Sie das Ereignis in einer Weise selbst beeinflussen?
- Welche Rolle spielte das Schicksal oder eine andere höhere Macht bei dem Ereignis? (Die Antwort »keine« stellt sich oft nach genauem Nachfragen doch nicht als völlig selbstbestimmt heraus.)

VORLAGE 8a

Timeline

1) Notieren Sie auf der Timeline mindestens drei einschneidende Erlebnisse in Ihrem Leben und geben Sie Ihr Alter zum jeweiligen Zeitpunkt an.
2) Fertigen Sie eine ebensolche Timeline für Kafka an. Sie können dafür den »Brief an den Vater« (ARBEITSBLATT 7) als Hilfestellung nutzen. Das Alter kann für diese Aufgabe vermutet oder recherchiert werden.

Geburt **heute**

8.2 Timeline zum Schicksal in Kafkas Leben

Unterrichtsschritt. Die Schülerinnen und Schüler fertigen in Partnerarbeit eine Timeline für Kafka (VORLAGE 8a, Arbeitsauftrag 2) an und überlegen sich, inwieweit er hier evtl. das Schicksal als eingreifend wahrgenommen hat. Die Ergebnisse werden im Plenum besprochen. Der große Einfluss der Biografie Kafkas auf sein Schreiben soll hierdurch nochmals verdeutlicht werden.

Einschneidende Erlebnisse sind z. B.:
- Vater (Fisch)
- Treffen Felice
- Auflösung Verlobung Felice
- Krankheit

PA / UG

VORLAGE 8a
➤ S. 63
Internetzugang
ARBEITSBLATT 7
➤ S. 58–60

Erläuterungen. Als Hilfestellung können ARBEITSBLATT 7, geeignete Internetquellen wie z. B. www.zum.de/Faecher/D/BW/gym/kafka/kafka_biografie.pdf (Stand: 31.7.2024) sowie ggf. eine Kopie der Sachanalyse zu Unterrichtseinheit 1 Verwendung finden.

8.3 Art der Prozessabwicklung

EA / UG

Unterrichtsschritt. Die Schülerinnen und Schüler notieren in Einzelarbeit anhand des Textabschnitts Reclam XL, S. 102–117 (Beginn des Kapitels »Advokat. Fabrikant. Maler«) in einem ersten Schritt, was sie über die Art der Abwicklung eines Prozesses aus der Rede des Advokaten erfahren. Die Lösungen können fakultativ im Plenum besprochen werden, sie dienen aber vorrangig als Grundlage für den nächsten Unterrichtsschritt.

Erläuterungen. Folgende Beobachtungen können ermittelt werden:

- Erste Eingabe wird verlegt oder geht verloren (103,33 f.).
- Verfahren ist geheim (nicht-öffentlich; 104,5–14).
- Anklageschrift ist geheim, auch der Anwalt kennt diese nicht (ebd.).
- Anklagepunkte müssen erraten werden (ebd.).
- Auch der Angeklagte kennt die Anklage nicht: kein Einblick in Gerichtsschriften (105,16–25).
- Verteidigung ist nicht erlaubt, nur geduldet; alle Anwälte sind nur Winkeladvokaten (104,16–22).
- Verteidigung soll ausgeschaltet werden, Angeklagter ist auf sich selbst gestellt (105,10–12).
- Beeinflussung ist nur möglich durch Kontakte zu höheren Beamten der unteren Sphären (106,11–16).
- Aber die Beamten sind nur so zu beeinflussen, wie sie selbst es zulassen (107,3–5).
- Sie sind aber angewiesen auf die Anwälte, da sie keinen Bezug zu den Angeklagten haben (107,19–22).
- Beamtenhierarchie ist nicht klar (107,35–37).
- Keine Möglichkeit, an diesem »großen Organismus« etwas zu verändern (109,26–37).
- Beamte sind wie Kinder (110,9).
- Manche Prozesse sind von Anfang an dazu bestimmt, auch ohne anwaltliche Unterstützung gut auszugehen, andere können auch mit viel Mühe nicht zu einem positiven Ende geführt werden (110,24–29).
- Möglichkeit des Entzugs eines Prozesses mitsamt Angeklagtem (111,10–16).

Die Art der Abwicklung wird im folgenden Unterrichtsschritt 8.4 gedeutet.

8.4 Deutung des Verfahrens

PA / UG

ARBEITSBLATT 8
➤ S. 66
Lösungshinweise
➤ S. 111

Unterrichtsschritt. Die Schülerinnen und Schüler deuten im nächsten Schritt in Partnerarbeit auf ARBEITSBLATT 8 ***Schicksal? Höhere Mächte?*** einzelne Inhalte bzw. Motive v. a. dieses Kapitels im Hinblick auf das Schicksal oder das Eingreifen höherer Mächte. Die Ergebnisse werden im Plenum besprochen und ggf. auf die Timeline der Schülerinnen bezogen.

Erläuterungen. Die Schülerinnen und Schüler fügen so die ersten Schritte zur Deutung des Romankapitels zusammen und gelangen zu einer schlüssigen Interpretation im Hinblick auf das vorgegebene Motiv. Die Deutung kann im Unterrichtsgespräch anschließend auf das eigene Leben der Schülerinnen und Schüler übertragen werden: Hätten sie bei den ihr Leben prägenden Erlebnissen anders reagieren können? Dieser Bezug ermöglicht ihnen evtl. eine Hilfestellung für künftige schwierige Erlebnisse. So machen sie die Erfahrung, dass Literatur nicht nur der Unterhaltung dient, sondern auch einen Lebensbezug haben kann.

8.5 Hörerfragen im Podcast (fakultativ)

GA

VORLAGE 8b
➤ S. 65
Internetzugang

Unterrichtsschritt. Die Schülerinnen und Schüler beantworten drei Hörerfragen (VORLAGE 8b ***Hörerfragen***) zum Prozess in ihrem Podcast.

Erläuterungen. Häufig werden in Podcasts Fragen von Hörerinnen und Hörern beantwortet. In unserem Beispiel gehen die Schülerinnen und Schüler auf fiktive Hörerfragen ein. Dadurch vertiefen sie die Inhalte der Stunde. Eine Hilfestellung zur letzten Frage bietet folgender Artikel: www.deutschlandfunk.de/ein-verlorenes-paradies-franz-kafka-und-das-judentum-100.html und die ggf. kopierte Sachanalyse der ersten Stunde.

VORLAGE 8b

Hörerfragen

Als Literaturkenner speziell von Kafkas *Process* beantworten Sie in Ihrem Podcast folgende Fragen von Hörerinnen und Hörern:

R., 45 Jahre:
Kafkas Lebenslauf ist ja geprägt von seiner Kindheit, die er als schlimm empfunden hat. Inwiefern hat sich das denn auf sein Romanfragment *Der Process* ausgewirkt?

S., 18 Jahre:
Ich habe den *Process* gelesen und wir schreiben eine Klausur darüber, aber mir ist nicht klar, was der erste Teil des Kapitels »Advokat. Fabrikant. Maler« mit dem Eingreifen höherer Mächte zu tun haben soll. Könnt ihr mir weiterhelfen?

L., 83 Jahre:
Nun sehe ich zurück auf mein Leben und stelle fest, dass ich darin auf manches zwar Einfluss hatte, aber nicht auf alles. Man würde ja meinen, dass solch ein bekannter Schriftsteller wie Kafka sein Leben im Griff hatte. War das denn so?

Hausaufgabe

In häuslicher Lektüre lesen die Schülerinnen und Schüler wiederholend *Der Process*, Reclam XL, S. 117, Z. 9 – 151 (den Teil »Fabrikant. Maler« des 7. Kapitels).

ARBEITSBLATT 8

Schicksal? Höhere Mächte?

Inhalt/Motive des Romanfragments	Deutungsideen in Bezug auf das Schicksal oder eine andere höhere Macht
Gericht	
Prozess	
Geheimes Verfahren (Anklageschrift) für Angeklagten und Anwalt	
Rolle der Advokaten	
Nur Duldung der Verteidigung bzw. Wunsch der Ausschaltung der Verteidigung	
Verbesserungen am Gericht und Einflussnahme auf das Gericht als quasi unmöglich	
Schwierigkeiten der Eingabe	
Verhältnis zu Fräulein Bürstner (114,16 f.)	
Aber: Wie verhält sich K.?	

Arbeitsauftrag:
Leiten Sie aus Inhalt bzw. Motiven des Kapitelauszugs (»Advokat«) des Romanfragments (Reclam XL, S. 102–117) eine Deutung ab im Hinblick auf das Eingreifen des Schicksals oder einer anderen höheren Macht in das Leben.

9 Den Zusammenhang von Erzählweise und Wirklichkeitskonstruktion erarbeiten

Sachanalyse

»Kafkas Texte sind Ausdruck einer höchst subjektiven Weltsicht. Deshalb sind seine Texte so eigenartig. Und diese Eigenart liegt weniger in den Themen und Motiven als in ihrer Darstellung, in der Erzählweise.«[1] Darüber lässt sich sicherlich streiten, doch die Erzählweise ist in der Tat besonders und hat entscheidenden Einfluss auf die Wirkung der Werke Kafkas. Aus dem zweiten Teil des 7. Kapitels »Advokat. Fabrikant. Maler« (Reclam XL, S. 117–151) zum Fabrikanten und zum Maler lassen sich Rückschlüsse auf die Erzählweise, besonders die Erzählperspektive und deren Wirkung, ableiten.

Personales unzuverlässiges Erzählen. Der Erzähler hat im Großen und Ganzen kein über das von Josef K. hinausgehendes Wissen.[2] Das trägt entscheidend dazu bei, dass der Leser im Grunde die Innensicht des Protagonisten erlebt. Ähnlich wie Kafkas Figur stürzt also auch der Leser in Verwirrung[3], wobei er sich mit Josef K. identifiziert und sich damit gegen das Gericht und die damit in Verbindung stehenden Figuren stellt. Der Erzähler bietet »keinerlei Hilfe bei der Deutung des Erzählten. Orientierung bietende Kommentare bleiben nämlich ebenfalls aus, stattdessen wird der Leser mit den Irritationen und Vermutungen K.s allein gelassen.«[4] Es bleibt aber offen, ob K.s Meinungen und Beobachtungen stimmen, da andere Figuren durchaus auch etwas anderes wahrnehmen. »Aus diesem Grund kann das Erzählen als ›unzuverlässiges Erzählen‹ bezeichnet werden. Diese Unzuverlässigkeit des Erzählens geht mit einer Verkehrtheit der erzählten Welt einher. Das Geschehen erscheint oft irreal, sinnwidrig und gespenstisch wie ein Traum.«[5]

Irritationen als Ausdruck der Wirklichkeitskonstruktion. Dennoch hat die personale Erzählweise Sinn, denn sie verdeutlicht die individuelle Konstruktion der Realität je nach persönlichen Erfahrungen und Gedanken. Daher spiegelt diese Erzählhaltung den Grundgedanken der individuell unterschiedlichen Wahrnehmung.[6] Und dadurch wird die Vieldeutigkeit in der Interpretation je nach Lesart verstärkt. Diese Art des Erzählens ist allerdings nicht nur Kafka eigen, sie findet sich wiederholt in moderner Literatur. Hier gibt es häufig Mehrdeutigkeiten und Unklarheiten.[7] Kafka jedoch führt das zur Perfektion. »Wenn man sich durch Kafka vor ein Rätsel gestellt sieht, liegt das nicht daran, dass man irgendwie den springenden Punkt aus den Augen verloren hat – Kafkas Texte *sind* rätselhaft. Sie sind es deshalb, weil Ungewissheit und Verworrenheit essenzielle Bestandteile der Wirklichkeit sind, über die Kafka schreibt.«[8]

Darüber hinaus ist für Kafkas Literatur eine weitere Irritation typisch: Während Autorinnen und Autoren im Normalfall stille Übereinkünfte mit ihren Lesern haben über das Genre, den Inhalt und den Verlauf ihres Textes, der aus Titel und ersten Sätzen erschließbar ist, so dass die sich entwickelnden Erwartungen an den Text im Laufe der Lektüre Schritt für Schritt erfüllt werden, ist das bei Kafka anders.[9] Bei ihm erfüllen sich Vorerwartungen nur selten, der Leser bzw. die Leserin muss ständig neu einen Sinn konstruieren und entwickelt sich daher beim Lesen in der sich wiederholt verändernden Sinnkonstitution weiter, stellt sich selbst und die eigene Deutung in manchen Fällen in Frage und bestätigt wiederum andere Ansichten. So geschieht das auch im Teilkapitel hier.

Wirkungen der Erzählperspektive im Teilkapitel. K. steigert sich z. B. in zahlreiche ungute, objektiv nicht schlüssige Gedanken über den Direktor-Stellvertreter hinein (vgl. 127,8–34), als dieser K.s Kunden nach dessen spontanem Verlassen der Bank übernimmt, um auf Hinweis eines Kunden (des Fabrikanten) den Maler Titorelli aufzusuchen, der ihm eventuell bei seinem Prozess helfen könne. Der Leser folgt – bedingt durch die personale Erzählperspektive – K.s Gedankengängen und sympathisiert mit ihm. Diese Gedanken werden ergänzt durch K.s Grübeleien über seinen Prozess, die in ausführlicher erlebter Rede geschildert werden, die zudem häufig mit rhetorischen Fragen verbunden ist (vgl. 120,14–25; 120,28–37; 121,7–15). Somit wird nachvollziehbar, wie K. für sich ein Bild aus seinen Eindrücken entwickelt, das jedoch immer subjektiv ist.

1 Hans Dieter Zimmermann, *Kafka für Fortgeschrittene*, München 2004, S. 7.
2 Vgl. Susanne Kaul, *Einführung in das Werk Franz Kafkas*, Darmstadt 2010, S. 97.
3 Vgl. Ritchie Robertson, *Franz Kafka. Leben und Schreiben*, aus dem Engl. von Josef Billen, Darmstadt 2009, S. 33.
4 Kaul (s.Anm. 2), S. 97
5 Ebd.
6 Vgl. Klaus Jeziorkowski, »Das Bett«, in: Hans Dieter Zimmermann (Hrsg.), *Nach erneuter Lektüre. Franz Kafkas »Der Proceß«*, Würzburg 1992, S. 104 f.
7 Robertson (Anm. 3), S. 35.
8 Robertson (Anm. 3), S. 36.
9 Vgl. Robertson (Anm. 3), S. 39.

Auch die Begegnung mit dem Mädchen im Treppenhaus von Titorellis Wohnstätte, das er als »schon ganz verdorben« (129,6) bezeichnet, zeigt, dass K. die Welt wertend wahrnimmt und in seiner Sichtweise sehr festgelegt ist, denn »[v]ermutlich liegt in den Mädchen, in ihrer unverblümt zur Schau gestellten und zugleich naiven Sinnlichkeit, der Schein der Wahrheit, doch Josef K.s Intellekt sieht nur Verdorbenheit.«[10]

Die Frage des Kunstmalers (in Nachtkleidung – auch das eine Irritation): »Wollen Sie Bilder kaufen oder sich selbst malen lassen?« (132,16 f.), verunsichert K., der davon ausgegangen war, dass er sofort Informationen im Hinblick auf seinen Prozess erhalten werde. Die Reaktion von K. zeugt wiederum von dessen gedanklicher Unflexibilität.

Die sich im Verlauf seines Besuchs bei Titorelli ändernde Figur auf einem Porträt – anfangs eine Kombination aus Gerechtigkeit und Siegesgöttin mit Flügeln an den Fersen, später durch Farbnuancen wie die Göttin der Jagd wirkend (vgl. 134,8–13) – zeigt, dass der temporäre subjektive Eindruck nicht immer der richtige ist. Deutlich wird, »dass Kafka seinen Lesern keine Gewissheit erlaubt, sondern die Frage nach der Wahrheit des Abgebildeten in eine nach der Perspektive und Beleuchtung verwandelt. Das hängt damit zusammen, dass es keinen Punkt außerhalb des Dargestellten gibt, von dem aus es objektiv betrachtet werden könnte und einen eindeutigen Sinn erhielte.«[11] Die Veränderung des Bildes zeigt auch, dass die eigene Bewertung sich ändert, je nachdem, wie sich die individuelle Sichtweise entwickelt. So wird K.s anfängliche Zuversicht im Streben nach Gerechtigkeit und Sieg symbolisch in diesem Bild in sein zunehmendes Empfinden des Gejagtwerdens gewandelt, was ihn schließlich in den Tod führt.[12]

Der Schein der Welt wird in der Kunst Titorellis generell gespiegelt, denn seine Porträts beruhen nur zum Teil auf realen Tatsachen. Er male zwar die Personen, stelle ihre berufliche und soziale Position aber höher dar, als sie in Wirklichkeit sei (vgl. 133,26–28), womit deutlich wird, dass auch jeder der gemalten Richter selbst verblendet ist.

Auch in K.s Schuldempfinden wird die subjektive Sichtweise deutlich. Gegenüber Titorelli bezeichnet er sich selbst als unschuldig (vgl. 136,1 f.), doch befürchtet er, dass das Gericht aus dem Nichts eine Schuld mache (vgl. 136,13–16), was an sich so nicht möglich ist, außer die Schuldfrage wird individuell verschieden gesehen – auch das ein Hinweis auf die unterschiedliche Erfahrung der Menschen, die deren Sichtweise beeinflusst.

Die Varianten der Befreiung. Titorelli stellt K. drei verschiedene Varianten der Befreiung vor, »nämlich die wirkliche Freisprechung, die scheinbare Freisprechung und die Verschleppung« (139,28 f.). Auf erstere habe er »nicht den geringsten Einfluss« (139,31), diese gebe es nur bei tatsächlicher Unschuld, aber dann benötige K. keine Hilfe. Die Frage, die sich hier sofort stellt, ist, ob ein Mensch überhaupt völlig unschuldig sein kann, wenn Schuld auf individueller Sichtweise basiert. Wie Titorelli weiter erklärt, gibt es keine Hinweise über Gerichtsentscheide, lediglich »Legenden« (vgl. 141,10–13), also religiöse Erzählungen über Heilige, was die Unschuld in den Bereich des quasi Unmöglichen rückt. Dies weist K. daher auch sofort von sich, da eine Legende »außerhalb seines Bewusstseinshorizontes liegt [...]. Er ist in seiner Gedankenwelt weniger festgelegt durch das Gericht, sondern viel mehr durch die Beschränkungen seines eigenen Bewusstseins.«[13]

Bei der zweiten möglichen Variante, die Titorelli K. anbietet, der scheinbaren Freisprechung, »schreibe ich auf einem Bogen Papier eine Bestätigung ihrer Unschuld auf. [...] Mit dieser Bestätigung mache ich nun einen Rundgang bei den mir bekannten Richtern. [...] und verbürge mich für Ihre Unschuld.« (143,22–30) Nachdem alle Richter diese Bürgschaft unterschrieben hätten, werde der zuständige Richter K. freisprechen. Damit allerdings sei kein vollständiger Freispruch verbunden, denn die »untersten Richter nämlich, zu denen meine Bekannten gehören, haben nicht das Recht endgiltig freizusprechen, dieses Recht hat nur das oberste, für Sie, für mich und für uns alle ganz unerreichbare Gericht.« (144,27–31) Diese Stelle ist eine Anspielung auf Gott oder eine höhere Macht. »Wie es dort aussieht wissen wir nicht und wollen wir nebenbei gesagt auch nicht wissen.« (144,31 f.) Bei der Variante der scheinbaren Freisprechung werden die Akten nicht vernichtet, es wird ihnen lediglich die Bestätigung des Freispruchs hinzugefügt, doch kann jederzeit wieder eine Anklage und somit Verhaftung erfolgen. »Ich habe hier angenommen, dass zwischen dem scheinbaren Freispruch und der neuen Verhaftung eine lange Zeit vergeht, das ist möglich und ich weiß von solchen Fällen, es ist aber ebenso gut möglich, dass der Freigesprochene vom Gericht nachhause

10 Ralf R. Nicolai, *Kafkas »Prozess«. Motive und Gestalten*, Würzburg 1986, S. 176.

11 Annette Horn / Peter Horn, *In einer fenster- und türlosen Zelle. Die Romane Franz Kafkas*, Oberhausen 2015, S. 202.

12 Vgl. Klaus-Detlef Müller, *Franz Kafka. Romane*, Berlin 2007, S. 84; Gerhard Neumann, »Der Zauber des Anfangs und das ›Zögern vor der Geburt‹ – Kafkas Poetologie des ›riskantesten Augeblicks‹«, in: Hans Dieter Zimmermann (Hrsg.), *Nach erneuter Lektüre. Franz Kafkas »Der Proceß«*, Würzburg 1992, S. 137; Kaul (Anm. 2), S. 102 f.

13 Robertson (Anm. 3), S. 109.

kommt und dort schon Beauftragte warten, um ihn wieder zu verhaften.« (145,26–31) Jeder erneute Freispruch wäre also wieder nur vorläufig.

Der Maler zeigt K. daraufhin noch die Möglichkeit der dritten Variante, der Verschleppung, auf. Diese mache aus, »dass der Prozess dauernd im niedrigsten Prozessstadium erhalten wird« (146,31 f.). »Der Prozess hört zwar nicht auf, aber der Angeklagte ist vor einer Verurteilung fast ebenso gesichert, wie wenn er frei wäre. Gegenüber dem scheinbaren Freispruch hat die Verschleppung den Vorteil, dass die Zukunft des Angeklagten weniger unbestimmt ist, er bleibt vor dem Schrecken der plötzlichen Verhaftungen bewahrt und muss nicht fürchten, etwa gerade zu Zeiten, wo seine sonstigen Umstände dafür am wenigsten günstig sind, die Anstrengungen und Aufregungen auf sich nehmen zu müssen, welche mit der Erreichung des scheinbaren Freispruchs verbunden sind. Allerdings hat auch die Verschleppung für den Angeklagten gewisse Nachteile die man nicht unterschätzen darf. [...] Der Prozess kann nicht stillstehn, ohne dass wenigstens scheinbare Gründe dafür vorliegen. Es muss deshalb im Prozess nach außen hin etwas geschehn. Es müssen also von Zeit zu Zeit verschiedene Anordnungen getroffen werden, der Angeklagte muss verhört werden, Untersuchungen müssen stattfinden u. s. w.« (147,11–30)

Die Verdrängung anderer Sichtweisen durch K. Die aufgezeigten Möglichkeiten überzeugen K. nicht, da sie keine »wirkliche Freisprechung« (148,17 f.) ermöglichen. Er kauft dem Maler noch drei Bilder einer »Heidelandschaft« (149,20 f.) ab, die sich völlig gleichen: »Bäume, hier das Gras und dort der Sonnenuntergang« (149,30 f.), und verlässt das Atelier. Nach Rückkehr in die Bank sperrt er diese Bilder »in die unterste Lade seines Tisches« (151,31 f.). Diese drei Bilder lassen sich auf Titorellis Ausführungen der drei Varianten der Freisprechung beziehen: Auch diese bilden im Prinzip keinen Unterschied. Das Einsperren der drei Bilder symbolisiert die Verdrängung des Prozesses und damit aller damit möglichen Deutungs- und Lösungsvarianten.[14]

14 Vgl. Csilla Mihály, *Figuren und Figurenkonstellationen in Kafkas Erzähltheater. Zur Erklärungsfunktion der Wiederholungsstrukturen im mittleren Werk*, Wien 2015, S. 131 f.

Unterrichtsverlauf

Überblick. Die Schülerinnen und Schüler erfassen die Erzählperspektive im Romanfragment und verstehen die subjektive Sichtweise des Protagonisten und die daraus resultierenden Folgen für ihre eigene Leseweise. Darüber hinaus deuten sie erneut wichtige Motive. **! Verkürzter Verlauf: 9.1 – 9.2 – 9.3**

Phase	Thema	Sozialform	Kompetenzen und Lernziele	Materialien
Voraussetzungen: Textkenntnis bis S. 151				
9.1	Einstieg: Geschichte von Watzlawick	EA / GA	• Konstruktivismus in Grundzügen induktiv erfassen • Zusammenhang mit K.s Wahrnehmung im Prozess erkennen	VORLAGE 9 ➤ S. 70
9.2	Die Erzählperspektive	UG	• Bedeutung der Erzählperspektive verstehen • Personales Erzählen als subjektiv gefärbt sehen	TAFELBILD 9 ➤ S. 71
9.3	Prüfen der Freispruchs-möglichkeiten	EA / UG	• Motive selbstständig deuten • Deutungsvielfalt aushalten	ARBEITSBLATT 9 ➤ S. 73
9.4 **fakultativ**	Interviews über verschiedene Sichtweisen im Podcast	EA / GA	• Fremdverstehen und Identitätsbildung entwickeln	
HA	Wiederholendes Lesen des 8. Kapitels »Kaufmann Block. Kündigung des Advokaten«			*Der Process*, Reclam XL, S. 152–181

9.1 Einstieg: Geschichte von Watzlawick

EA / GA

VORLAGE 9 ➤ S. 70

Unterrichtsschritt. Die Schülerinnen und Schüler lesen VORLAGE 9 ***Paul Watzlawick: Die Geschichte mit dem Hammer***. Mit Hilfe der Placemat-Methode machen sie sich zunächst einzeln Gedanken über die Bedeutung der Geschichte und sammeln dann Parallelen zum Besuch K.s bei Titorelli. Anschließend besprechen sie sich in der Gruppe und notieren die wesentlichen Punkte in der Mitte der Placemat.

Erläuterungen. Eine Placemat ist eine Unterteilung eines Blattes in fünf Felder – siehe Skizze. Die Placemats müssen entsprechend der Lerngruppengröße vorbereitet werden. Die Klasse wird in Vierergruppen eingeteilt. Für die Placemat-Arbeit werden zunächst die äußeren Felder einzeln befüllt, bevor dann gemeinsam in der Gruppe ein Resümee gezogen und in der Mitte festgehalten wird.

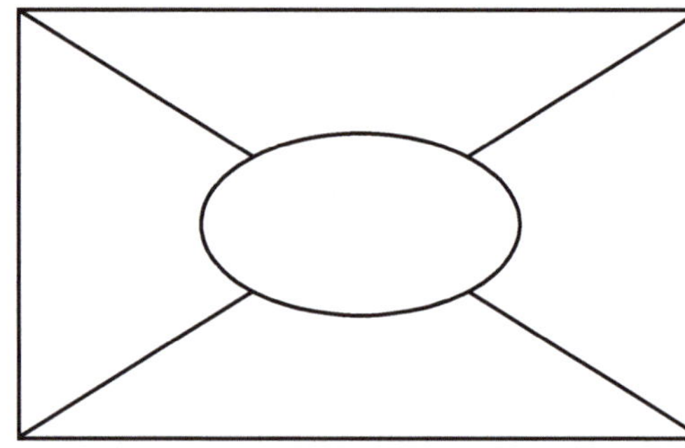

Mögliche Ergebnisse:

Die Geschichte mit dem Hammer	***Der Process*, S. 118–151**
Der Mann steigert sich durch seine Gedanken in seine Wut hinein.	K. steigert sich durch seine Gedanken in seinen Prozess hinein.
Rhetorische Fragen: VORLAGE 9 Zeile 3–7	Rhetorische Fragen: 120,28–37; 121,7–15
Eine Erfahrung (flüchtiger Gruß am Vortag) führt zur Verurteilung des Nachbarn	• K. fühlt sich verfolgt (Göttin der Jagd) • Oder vorher: Ereignis am Geburtstag führt zu allem Weiteren
Die Handlung resultiert aus den selbst gebildeten Gedanken und hat keine objektive Grundlage	• Die Schuldfrage wird unterschiedlich interpretiert je nach Sichtweise (K. versus Gericht) • Schönheit liegt im Auge des Betrachters (Mädchen empfinden K. als »hässlich«, Leni als »schön«)

VORLAGE 9

Paul Watzlawick: Die Geschichte mit dem Hammer

»Ein Mann will ein Bild aufhängen. Den Nagel hat er, nicht aber den Hammer. Der Nachbar hat einen. Also beschließt unser Mann, hinüberzugehen und ihn auszuborgen. Doch da kommt ihm ein Zweifel: Was, wenn der Nachbar mir den Hammer nicht leihen will? Gestern schon grüßte er mich nur so flüchtig. Vielleicht war er in Eile. Aber vielleicht war die Eile nur vorgeschützt, und er hat etwas gegen mich. Und was? Ich habe ihm nichts angetan; der bildet sich da etwas ein. Wenn jemand von mir ein Werkzeug borgen wollte, ich gäbe es ihm sofort. Und warum er nicht? Wie kann man einem Mitmenschen einen so einfachen Gefallen abschlagen? Leute wie dieser Kerl vergiften einem das Leben. Und dann bildet er sich noch ein, ich sei auf ihn angewiesen. Bloß weil er einen Hammer hat. Jetzt reicht's mir wirklich. – Und so stürmt er hinüber, läutet, der Nachbar öffnet, doch noch bevor er ›Guten Tag‹ sagen kann, schreit ihn unser Mann an: ›Behalten Sie sich Ihren Hammer, Sie Rüpel!‹«

Paul Watzlawick: Anleitung zum Unglücklichsein. München: Piper, [9]1983. S. 37 f.

9.2 Die Erzählperspektive

Unterrichtsschritt. Im Plenum werden die Ergebnisse besprochen und dabei die Funktion und Bedeutung der Erzählperspektive bei Kafka erarbeitet. Dafür werden ggf. einzelne Stellen des Kapitels nochmals gelesen. Die Ergebnisse werden in TAFELBILD 9 festgehalten.

UG

TAFELBILD 9 ➤ S. 71

Leitfragen:
- Aus welcher Sicht wird erzählt?
- Wie werden Gedanken von K. wiedergegeben?
- Welches rhetorische Mittel ist hierbei besonders auffällig?
- Welche Folgen hat diese Art des Erzählens?

Erläuterungen. Obwohl die theoretische Fundierung des Konstruktivismus erst nach Kafkas Lebzeiten entstand, weisen seine Texte Bezüge in diese Richtung auf.

TAFELBILD 9

Modernes Erzählen bei Kafka

Kafkas Erzählweise:
- Ereignisse werden aus der Sicht von K. erzählt ➤ personale Erzählperspektive
- Wiedergabe von Gedanken in 3. Pers. Sg. Prät. (episches Präteritum) ➤ erlebte Rede
- Rhetorische Fragen

Folgen:
- Die Lesenden wissen nicht mehr als K.
- Die Lesenden fühlen und erleben mit dem Protagonisten mit, sind gleichermaßen verwirrt wie der Protagonist.
- Handlungsmotive und Charaktere bleiben vage.
- Der Text ist rätselhaft.
- Eine individuelle Deutung durch die Lesenden ist erforderlich.
- **Konstruktivistische Sichtweise** (die Lesenden deuten die Motive so, wie es ihrer Erfahrung entspricht, oder orientieren sich an der Sichtweise des personalen Erzählers).

9.3 Prüfen der Freispruchsmöglichkeiten

Unterrichtsschritt. Die Schülerinnen und Schüler erarbeiten anhand von ARBEITSBLATT 9 ***Die drei Varianten der Freisprechung*** selbstständig Deutungen der verschiedenen Freisprucharten, die anschließend im Plenum gesammelt und diskutiert werden. Unterschiedliche Deutungen können – sofern begründet und am Text belegt – nebeneinander stehenbleiben.

EA / UG

ARBEITSBLATT 9 ➤ S. 73
Lösungshinweise ➤ S. 112

Erläuterungen. Mit dieser Interpretation werden unterschiedliche Motive vertieft. Beim anschließenden Vergleich im Unterrichtsgespräch wird deutlich, dass auch die Schülerinnen und Schüler die Motive auf verschiedene Art und Weise gesehen haben. Durch eine schlüssige Argumentation können sie ihre Ansicht begründen und damit verständlich machen. Somit wird erneut ein Bezug zum Konstruktivismus hergestellt, die Schülerinnen und Schüler üben sich zugleich im Begründen ihrer Deutung, Grundlage jeder literarischen Interpretation.

9.4 Interviews über verschiedene Sichtweisen im Podcast (fakultativ)

Unterrichtsschritt. Die Schülerinnen und Schüler führen Interviews innerhalb ihrer Gruppe sowie mit Freunden und Verwandten über Geschichten, die unterschiedliche Sichtweisen dieser Personen auf einen ähnlichen Sachverhalt (z. B. Interesse für bestimmte Fächer, die Schule generell, aktuelle politische Ereignisse etc.) beleuchten.

EA / GA

Erläuterungen. Die Aufgabenstellung ermöglicht einen Bezug der Lektüre zum realen Leben. Die Schülerinnen und Schüler erhalten Einsicht in die Hintergründe von Handlungsweisen von Personen in ihrem Umfeld und wissen künftig, dass z. B. Konflikte sehr häufig auf unterschiedlichen Wahrnehmungen und Interpretationen beruhen. Somit schaffen sie es leichter, Fremdperspektiven zu hinterfragen und ggf. zu verstehen. Vgl. dazu auch Unterrichtsschritt 5.3.

Hausaufgabe

In häuslicher Lektüre lesen die Schülerinnen und Schüler wiederholend das 8. Kapitel »Kaufmann Block. Kündigung des Advokaten« aus *Der Process*, Reclam XL, S. 152–181.

ARBEITSBLATT 9

Die drei Varianten der Freisprechung

	Textbezug	Deutung
Variante 1 (wirkliche Freisprechung)		
Variante 2 (scheinbare Freisprechung)		
Variante 3 (Verschleppung)		

Resümee
Die Bedeutung der Freisprüche:
Fragen, die offenbleiben:

Arbeitsauftrag:
Vergegenwärtigen Sie sich die drei Varianten der Freisprechung, indem Sie den Textabschnitt Reclam XL, 139,25–148,23 noch einmal lesen. Erarbeiten Sie die drei Varianten der Freisprechung und deuten Sie diese!

10 Die Besonderheiten der Sprache Kafkas erkennen

Sachanalyse

Der Sprachstil Kafkas, der mit der Bezeichnung »kafkaesk« einen eigenen Namen erhielt, wird im gesamten Romanfragment deutlich, soll hier aber anhand des 8. Kapitels »Kaufmann Block. Kündigung des Advokaten« erschlossen werden.

»Kafkaesker« Sprachstil. 1937 wurde die englische Übersetzung des *Process* unter dem Titel *The Trial* Buch des Jahres. Das Romanfragment wurde zunächst im Sinne des Marxismus politisch gedeutet. »Schriftsteller wie Wystan Hugh Auden und Cecil Day Lewis suchten in Kafkas Texten [...] politische Allegorien: Dabei erfanden sie auch das Adjektiv ›kafkaesque‹; Lewis verwendete es erstmals 1938«[1]. Zuerst hatte es die Bedeutung ›sich aufgrund von Überforderung und Enge unter Druck zu fühlen‹, nun verwendet man es, wenn man sich auf eine unerklärliche Weise bzw. rätselhaft bedroht oder ausgeliefert fühlt. Meist spielen dabei große Institutionen oder Bürokratien eine tragende Rolle, denen gegenüber man Empfindungen von Unsicherheit, Fremdbestimmung und Hilflosigkeit ausbildet. Laut Duden bedeutet das Wort »kafkaesk« ›absurd‹ und ›verwirrend‹. Entscheidend für die Entwicklung dieses Gefühls ist der Sprachstil Kafkas.

Wortwahl. So verwendet er z.B. ein in einer Situation unpassendes oder doppeldeutiges Wort, so dass der Leser nun beginnt, »mit neuem, entfremdeten Blick auf die jetzt fremd werdende vertraute Welt zu schauen.«[2] Häufig werden solche Worte auch wiederholt, wie z.B. das Wort »Aberglaube« (S. 159f.) oder »Dummheiten« (159,30f.). Die Kombination mit juristischen Fachbegriffen wie »Eingaben« (162,5f.), »Einvernahmen« (162,36) oder »Gerichtsboten« (163,1) zeichnet ein dem Leser unbekanntes Bild der Gerichtswelt, das dessen gewohnte Vorstellung bricht und zugleich die gefühlte eigene Ohnmacht großen Organisationen gegenüber spiegelt.

Widersprüche, Ironie, Einbezug der Leser und Sprachbilder. Sachlogische Widersprüche wie z.B. die Aussage des Kaufmanns Block, dass das »selbstständige Eingreifen« (161,3) sinnlos sei, dass man jedoch auch den Advokaten die Sache nicht überlassen könne, führen in Aporien und damit zu Irritationen beim Leser – genau wie die Ironie in Blocks Beschreibung der Eingabe bei Gericht: »inhaltslos« (162,15), mit »viel Latein« (162,15f.), »Schmeicheleien« (162,17), »Selbstlob« (162,19) und Anführung von »Untersuchungen von Rechtsfällen aus alter Zeit, die ähnlich den meinigen sein sollten« (162,21–23). »Zweifellos werden hier die Liturgie, Bitten an Heilige und Fürsprecher sowie die Mischung der Versicherungen vermeintlicher Aufrichtigkeit und der Demut des Bittstellers ironisiert.«[3]

Rhetorische Fragen und scheinbare Einbezüge des Lesers (z.B. »Aber warum denn, warum denn?«; 154,24f.) ermöglichen genau wie Bilder eine genaue Vorstellung, die jedoch ebenfalls wieder durch Ironie oder andere rhetorische Mittel in der Darstellung gebrochen wird. So z.B. bei der Schilderung Lenis, die ausführt, dass der Advokat Block den Kaufmann nur selten empfange, weil er ihn »nicht leiden« (166,23) könne. Daher schlafe dieser nun in der Kanzlei in einem winzigen »Dienstmädchenzimmer« (167,10). Das entsetzt nicht nur K., sondern auch den Leser, dessen typisiertes Bild einer Anwaltskanzlei damit auf den Kopf gestellt wird. Auch das Bild des kränkelnden Anwalts in seinem Bett, dessen Schlafzimmer K. betritt, ist mehr als unüblich. »Die in den ungemachten Betten der Kafkaschen Texte liegenden, aus ihnen hervorkriechenden Figuren, oft in derangierter Nachtgewandung, sind auf eine dramatische Weise ihrer offiziellen Würde entkleidet; es trifft gerade diejenigen, die Autorität und Würde für sich in Anspruch zu nehmen gewohnt sind oder denen die anderen fraglos Respekt und Ehrerbietung entgegenbringen [...]. Sie alle erscheinen in ihrer unpräsentablen Schlampigkeit um jenes entscheidende Stück aus der ›vernünftigen‹ Normalität gerückt, das im Detail zunächst unerheblich scheint, als kalkulierte Projektion und Prolongierung in den Kafkaschen Kosmos hinein aber erheblich und entscheidend wirkt.«[4]

Anspielungen. Anspielungen wie bei Leni, die »im Hemd davonlief« (153,15), als K. an der Tür des Advokaten klingelt, wecken Assoziationen nicht nur in K., dass sie Blocks »Geliebte« (153,25) sei.[5] Bei der Befragung von Block erfährt K., dass der Advokat schon vor dessen Prozess für den Kaufmann in geschäftli-

1 Andreas B. Kilcher, *Franz Kafka*, Frankfurt a. M. 2008, S. 128.

2 Ritchie Robertson, *Franz Kafka. Leben und Schreiben*, aus dem Engl. von Josef Billen, Darmstadt 2009, S. 37.

3 Ralf R. Nicolai, *Kafkas »Prozess«. Motive und Gestalten*, Würzburg 1986, S. 189.

4 Klaus Jeziorkowski, »Das Bett«, in: Hans Dieter Zimmermann (Hrsg.), *Nach erneuter Lektüre. Franz Kafkas »Der Proceß«*, Würzburg 1992, S. 101.

5 Vgl. auch Wilhelm Große, *Lektüreschlüssel. Franz Kafka: »Der Proceß«*, Stuttgart 2011 [u. ö.], S. 51.

chen Rechtsangelegenheiten gearbeitet habe, doch sei er in » in diesen Rechtssachen tüchtiger [...] als in den andern« (157,33 f.), was sich in der Beschreibung des Anwalts bzgl. der Varianten der Vertretung wiederholt: »Vertretung in gewöhnlichen Rechtssachen und der Vertretung in diesen Rechtssachen« (173,6–8). Hier erfolgt eine Anspielung, dass es offensichtlich unterschiedliche – gewöhnliche und ungewöhnliche – Rechtsangelegenheiten gibt. Blocks Hinweis, dass er unter den Wartenden war, als K. die Kanzlei aufsuchte: »Es ist ja dort schon das bloße Sitzen und Warten eine große Anstrengung. Sie kennen ja selbst die schwere Luft in den Kanzleien.« (159,11–13), »[...] suggeriert ein Warten auf die Beichte oder das Zusammenkommen einer Gemeinde, in welcher jedes der Mitglieder seine eigenen Probleme und Zweifel hat.«[6] K.s Befürchtung, damals als hochmütig wahrgenommen worden zu sein, tut Block ab: »Sie scheinen die Leute dort noch nicht zu kennen und werden es vielleicht unrichtig auffassen. Sie müssen bedenken, dass in diesem Verfahren immer wieder viele Dinge zur Sprache kommen, für die der Verstand nicht mehr ausreicht, man ist einfach zu müde und abgelenkt für vieles und zum Ersatz verlegt man sich auf den Aberglauben.« (159,32–37) Hier wiederum findet sich eine Anspielung auf höhere Mächte wie das Schicksal, die ins Leben eingreifen können und die aus menschlicher Kraft heraus nicht begreifbar sind, so dass Glaube und Aberglaube entstehen.

Namenswahl und Bilderzeugung. Auffallend ist ferner die Namenswahl. Der Name von »Kaufmann Block« (153,34), der K. die Türe öffnet, könnte auf eine Blockade des Prozesses hinweisen und zeigt ihn, auch wegen seiner geringen Größe, als »das Ebenbild von K.«[7] Dennoch fühlt sich K. ihm überlegen. Auch der Name des Advokaten »Huld« kann als sprechender Name angesehen werden. Neben den sprachlichen Bildern werden also häufig Namen gebraucht, um eine Imagination im Kopf des Lesers zu erzeugen. Doch auch diese können gebrochen werden, wie sich in der wenig huldvollen Erniedrigung Blocks durch den Advokaten zeigt.

Humor. Belustigend ist die Darstellung Blocks hinsichtlich der unterschiedlichen Arten von Anwälten (vgl. 163,34–164,3): »Während den Winkeladvokaten die Triebunterdrückung in unmittelbarer Nähe der Naturkräfte obliegt und die kleinen Advokaten durch artifizielle Wertschätzungen und traditionelle Glaubenssätze das Leben in der Gesellschaft gewährleisten, diese beiden Instanzen also Hand in Hand arbeiten, würden die Informationen der unerreichbaren, der Utopie zugehörigen und sich passiv verhaltenden großen Advokaten den Kreis schließen.«[8] genau wie in einem verstörenden Sinne die paradox inszenierte Erniedrigung Blocks, den Huld mit »dieser elende Wurm.« (169,20–23) beschimpft. K. ist fassungslos ob der offensichtlichen »Blindheit« von Block bzgl. des Verhaltens des Advokaten (vgl. 176,27–35), erkennt aber seine eigene Blindheit im Prozess nicht. Dieses Schauspiel bietet dem Leser ein Spiegelbild der eigenen zwangsweisen Verblendung durch individuelle Erfahrungen, bildet aber auch die Hilflosigkeit und Angreifbarkeit durch Institutionen oder in einer Hierarchie höher stehenden Personen ab. Und je mehr sich Block scheinbar anstrengt, desto mehr wird er von Huld erniedrigt, indem er nun sagt, dass der Richter sich schlecht über Block bzw. dessen Prozess ausgesprochen habe (vgl. 179,31–180,18). Das Erschrecken von Block nutzt der Anwalt zu Schimpftiraden gegen ihn, die in der Aussage münden: »Du weißt, die verschiedenen Ansichten häufen sich um das Verfahren bis zur Undurchdringlichkeit.« (181,1–3) Diese Aussage verdeutlicht in prägnanter Weise nicht nur, was im Romanfragment passiert, sondern auch, was das Romanfragment bei seinen Leserinnen und Lesern bewirkt. Die hier genannte inhaltliche Undurchdringlichkeit des Prozesses wird sprachlich durch den Stil Kafkas verdichtet und drückt sich im Begriff *kafkaesk* aus. Die Folge ist Verwirrung durch erschwertes Verstehen, was auf der einen Seite eine genauere Lektüre und wiederholtes, tiefgehendes Nachdenken erfordert, und was auf der anderen Seite polyvalente Deutungen (»verschiedene Ansichten«) ermöglicht.

6 Vgl. Nicolai (Anm. 3), S. 192.

7 Csilla Mihály, *Figuren und Figurenkonstellationen in Kafkas Erzähltheater. Zur Erklärungsfunktion der Wiederholungsstrukturen im mittleren Werk*, Wien 2015, S. 133 ff.

8 Vgl. Nicolai (Anm. 3), S. 192.

Unterrichtsverlauf

Überblick. Die Schülerinnen und Schüler erfassen die sprachliche Gestaltung des Romanfragments und lernen den Begriff »kafkaesk« kennen. Sie setzen sich mit Inhalten des Kapitels auseinander, indem sie eine Eingabe für Josef K. verfassen. ! **Verkürzter Verlauf: 10.1 – 10.2 – 10.3**

Phase	Thema	Sozialform	Kompetenzen und Lernziele	Materialien
Voraussetzungen: Textkenntnis bis S. 181				
10.1	Einstieg: Untersuchung eines Satzes	UG	• Thematik erfassen	VORLAGE 10a ➤ S. 76
10.2	Sprachliche Gestaltung und der Begriff »kafkaesk«	GA / UG	• Die Besonderheiten der sprachlichen Gestaltung sehen • Den Begriff »kafkaesk« verstehen	ARBEITSBLATT 10a ➤ S. 79 f. TAFELBILD 10 ➤ S. 77
10.3	Verfassen einer Eingabe für Josef K.	EA / UG	• Wesentliche Motive rekapitulieren • Reale Textfunktion erproben	VORLAGE 10b ➤ S. 77
10.4 **fakultativ**	Sprachstil Kafkas leicht erklärt im Podcast	GA	• Gelerntes übertragen • Sachverhalte erklären • Einen neuen Text sprachlich erschließen	ARBEITSBLATT 10b ➤ S. 81–83 ARBEITSBLATT 10a ➤ S. 79 f. TAFELBILD 10 ➤ S. 77
HA	Wiederholendes Lesen des 9. Kapitels »Im Dom«			*Der Process*, Reclam XL, S. 182–205

10.1 Einstieg: Untersuchung eines Satzes

UG

VORLAGE 10a
➤ S. 76

Unterrichtsschritt. Im Plenum finden die Schülerinnen und Schüler Beispiele aus dem Romanfragment für die in VORLAGE 10a wiedergegebene Aussage Blocks.

Erläuterung. Die Beispiele können auch aus Fragen bestehen, da im Romanfragment ein eindeutiges kognitives Urteil als unmöglich dargestellt wird. Die Überlegungen zu diesem ausgewählten Satz führen hin zur sprachlichen Gestaltung Kafkas und dem heute gebräuchlichen Adjektiv »kafkaesk«, was im nächsten Unterrichtsschritt erarbeitet wird.

Mögliche Beispiele:

- Schuldfrage
- Gründe für die Verhaftung
- Wer ist das Gericht?
- Was steht in den Gesetzen?
- Warum befindet sich das Gericht auf dem Dachboden?

VORLAGE 10a

»Sie müssen bedenken,
dass in diesem Verfahren immer wieder viele Dinge zur Sprache kommen,
für die der Verstand nicht mehr ausreicht«

Der Process, Reclam XL, 159,33–36.

- Welche Rolle spielen die Treppen, die Kinder, die Frauen?
- Warum lassen sich die Richter stets höhergestellt malen, als sie sind?
- Worum geht es eigentlich?

10.2 Sprachliche Gestaltung und der Begriff »kafkaesk«

Unterrichtsschritt. Die Schülerinnen und Schüler erarbeiten in Partnerarbeit anhand von ARBEITSBLATT 10a ***Sprachliche Gestaltung*** am Beispiel des Kapitels »Kaufmann Block. Kündigung des Advokaten« (Reclam XL, S. 151–181) die Typika der sprachlichen Gestaltung durch Kafka schriftlich. Im Anschluss werden die Ergebnisse im Plenum gesammelt und in TAFELBILD 10 gesichert.

GA / UG

ARBEITSBLATT 10a
➤ S. 79 f.
Lösungshinweise
➤ S. 113 f.
TAFELBILD 10
➤ S. 77

Erläuterung. Ziel ist es, dass die Schülerinnen und Schüler induktiv anhand der ausgewählten Textstellen den Begriff »kafkaesk« ableiten und verstehen.

TAFELBILD 10

Der Schreibstil Kafkas

verwirrend, undurchschaubar, vieldeutig, komplex, gleichnishaft, schnell, hastend, surrealistisch, expressionistisch, fantasie- und humorvoll

➤ Verstehen ist erschwert, polyvalente Deutungen sind möglich
➤ **kafkaesk**

10.3 Verfassen einer Eingabe für Josef K.

Unterrichtsschritt. Die Schülerinnen und Schüler recherchieren den Begriff »Winkeladvokat« (z. B. unter www.datev-magazin.de/archiv/der-winkeladvokat-2126, Stand: 5.8.2024). Sie stellen sich vor, dass Josef K. einen solchen aufgesucht hat, versetzen sich in die Rolle des Winkeladvokaten und verfassen die Eingabe vor Gericht für Josef K. Anhaltspunkte für die Art und Inhalte der Eingabe finden sich in den Erklärungen Blocks in *Der Process*, Reclam XL, S. 162. Wenn die Schülerinnen und Schüler es können, sollen sie versuchen, ihre Eingabe an Kafkas Schreibstil anzulehnen. Einige Ergebnisse werden im Plenum präsentiert und anhand der VORLAGE 10b ***Kriterien für die Bewertung der Eingabe*** besprochen.

EA / UG

VORLAGE 10b
➤ S. 77
Internetzugang

Erläuterungen. Durch die Darstellung der Eingabe rekapitulieren die Schülerinnen und Schüler nochmals wesentliche Motive sowie Handlungsstränge des Romanfragments. Gleichzeitig erproben sie eine reale Textfunktion und lernen somit kompetenzorientiert ein Schreibverfahren im kreativen Prozess.

VORLAGE 10b

Kriterien für die Bewertung der Eingabe

Inhalte einer Eingabe (vgl. *Der Process*, Reclam XL, S. 162):

- Verwendung von Latein
- Allgemeine Anrufungen des Gerichtes
- Schmeicheleien für einzelne Beamte
- Selbstlob des Advokaten und Demütigung vor dem Gericht
- Untersuchungen von Rechtsfällen aus alter Zeit ähnlich dem eigenen Fall

GA

10.4 Sprachstil Kafkas leicht erklärt im Podcast (fakultativ)

ARBEITSBLATT 10b
➤ S. 81–83
ARBEITSBLATT 10a
➤ S. 79 f.
TAFELBILD 10
➤ S. 77

Unterrichtsschritt. Die Schülerinnen und Schüler bringen den Schreibstil Kafkas ihren Zuhörerinnen und Zuhörern im Podcast näher. Als Sprachexperten erläutern sie Besonderheiten des Schreibstils und erklären den Begriff »kafkaesk« am Beispiel der Kurzgeschichte »Unglücklichsein« (ARBEITSBLATT 10b ***Franz Kafka: Unglücklichsein***).

Erläuterungen. Anhand einer anderen Erzählung Kafkas werden die Inhalte der Stunde übertragen und gefestigt. Hilfestellung bieten die Erarbeitungsergebnisse von ARBEITSBLATT 10a und TAFELBILD 10 (Unterrichtsschritt 10.2).

Hausaufgabe

In häuslicher Lektüre lesen die Schülerinnen und Schüler wiederholend das 9. Kapitel »Im Dom« aus *Der Process*, Reclam XL, S. 182–205.

Sprachliche Gestaltung

Sprachliches/stilistisches Merkmal	Textbeleg und/oder Beispiel
Sprachstil	
Nüchtern-knapper Stil	
Hypotaxe Satzkonstruktionen im Wechsel mit wenigen parataxen Sätzen	
Wenig Absätze, fehlende Kommata	
Konjunktive	
Dialoge (Theaterstil)	
Rhetorische Mittel	
Sprachspiele wie Anspielungen	
(Erfundene) Metaphern	
Sprechende Namen	

Bilder	
Humorvolle Einschübe	
Doppeldeutigkeiten bzw. Polyvalenzen (z. B. Titel »*Der Process*«)	
Wiederholungen = »Frequenzstil« Kafkas	
Widersprüche	
Rhetorische Fragen	
Scheinbarer Einbezug der Leserin bzw. des Lesers	
Änderung oder Ad-absurdum-Führen bekannter Ausdrücke bzw. Redensarten	
Juristische Sprache	

Franz Kafka: Unglücklichsein

Als es schon unerträglich geworden war – einmal gegen Abend im November – und ich über den schmalen Teppich meines Zimmers wie in einer Rennbahn einherlief, durch den Anblick der erleuchteten Gasse erschreckt, wieder wendete, und in der Tiefe des Zimmers, im Grund des Spiegels doch wieder ein neues Ziel bekam, und aufschrie, um nur den Schrei zu hören, dem nichts antwortet und dem auch nichts die Kraft des Schreiens nimmt, der also aufsteigt, ohne Gegengewicht, und nicht aufhören kann, selbst wenn er verstummt, da öffnete sich aus der Wand heraus die Tür, so eilig, weil doch Eile nötig war und selbst die Wagenpferde unten auf dem Pflaster wie wildgewordene Pferde in der Schlacht, die Gurgeln preisgegeben, sich erhoben.

Als kleines Gespenst fuhr ein Kind aus dem ganz dunklen Korridor, in dem die Lampe noch nicht brannte, und blieb auf den Fußspitzen stehn, auf einem unmerklich schaukelnden Fußbodenbalken. Von der Dämmerung des Zimmers gleich geblendet, wollte es mit seinem Gesicht rasch in seine Hände, beruhigte sich aber unversehens mit dem Blick zum Fenster, vor dessen Kreuz der hochgetriebene Dunst der Straßenbeleuchtung endlich unter dem Dunkel liegen blieb. Mit dem rechten Ellbogen hielt es sich vor der offenen Tür aufrecht an der Zimmerwand und ließ den Luftzug von draußen um die Gelenke der Füße streichen, auch den Hals, auch die Schläfen entlang.

Ich sah ein wenig hin, dann sagte ich »Guten Tag« und nahm meinen Rock vom Ofenschirm, weil ich nicht so halb nackt dastehen wollte. Ein Weilchen lang hielt ich den Mund offen, damit mich die Aufregung durch den Mund verlasse. Ich hatte schlechten Speichel in mir, im Gesicht zitterten mir die Augenwimpern, kurz, es fehlte mir nichts, als gerade dieser allerdings erwartete Besuch.

Das Kind stand noch an der Wand auf dem gleichen Platz, es hatte die rechte Hand an die Mauer gepreßt und konnte, ganz rotwangig, dessen nicht satt werden, daß die weißgetünchte Wand grobkörnig war und die Fingerspitzen rieb. Ich sagte: »Wollen Sie tatsächlich zu mir? Ist es kein Irrtum? Nichts leichter als ein Irrtum in diesem großen Hause. Ich heiße Soundso, wohne im dritten Stock. Bin ich also der, den Sie besuchen wollen?«

»Ruhe, Ruhe!« sagte das Kind über die Schulter weg, »alles ist schon richtig.«

»Dann kommen Sie weiter ins Zimmer herein, ich möchte die Tür schließen.«

»Die Tür habe ich jetzt gerade geschlossen. Machen Sie sich keine Mühe. Beruhigen Sie sich überhaupt.«

»Reden Sie nicht von Mühe. Aber auf diesem Gange wohnt eine Menge Leute, alle sind natürlich meine Bekannten; die meisten kommen jetzt aus den Geschäften; wenn sie in einem Zimmer reden hören, glauben sie einfach das Recht zu haben, aufzumachen und nachzuschaun, was los ist. Es ist einmal schon so. Diese Leute haben die tägliche Arbeit hinter sich; wem würden sie sich in der provisorischen Abendfreiheit unterwerfen! Übrigens wissen Sie es ja auch. Lassen Sie mich die Türe schließen.«

»Ja was ist denn? Was haben Sie? Meinetwegen kann das ganze Haus hereinkommen. Und dann noch einmal: Ich habe die Türe schon geschlossen, glauben Sie denn, nur Sie können die Türe schließen? Ich habe sogar mit dem Schlüssel zugesperrt.«

»Dann ist gut. Mehr will ich ja nicht. Mit dem Schlüssel hätten Sie gar nicht zusperren müssen. Und jetzt machen Sie es sich nur behaglich, wenn Sie schon einmal da sind. Sie sind mein Gast. Vertrauen Sie mir völlig. Machen Sie sich nur breit ohne Angst. Ich werde Sie weder zum Hierbleiben zwingen, noch zum Weggehn. Muß ich das erst sagen? Kennen Sie mich so schlecht?«

»Nein. Sie hätten das wirklich nicht sagen müssen. Noch mehr, Sie hätten es gar nicht sagen sollen. Ich bin ein Kind; warum soviel Umstände mit mir machen?«

»So schlimm ist es nicht. Natürlich, ein Kind. Aber gar so klein sind Sie nicht. Sie sind schon ganz erwachsen. Wenn Sie ein Mädchen wären, dürften Sie sich nicht so einfach mit mir in einem Zimmer einsperren.«

»Darüber müssen wir uns keine Sorgen machen. Ich wollte nur sagen: Daß ich Sie so gut kenne, schützt mich wenig, es enthebt Sie nur der Anstrengung, mir etwas vorzulügen. Trotzdem aber machen Sie mir Komplimente. Lassen Sie das, ich fordere Sie auf, lassen Sie das. Dazu kommt, daß ich Sie nicht überall und immerfort kenne, gar bei dieser Finsternis. Es wäre viel besser, wenn Sie Licht machen ließen. Nein, lieber nicht. Immerhin werde ich mir merken, daß Sie mir schon gedroht haben.«

»Wie? Ich hätte Ihnen gedroht? Aber ich bitte Sie. Ich bin ja so froh, daß Sie endlich hier sind. Ich sage ›endlich‹, weil es schon so spät ist. Es ist mir unbegreiflich, warum Sie so spät gekommen sind. Da ist es möglich, daß ich in der Freude so durcheinander gesprochen habe und daß Sie es gerade so verstanden haben. Daß ich so gesprochen habe, gebe ich zehnmal zu, ja ich habe Ihnen mit Allem gedroht, was Sie wollen. – Nur keinen Streit, um Himmelswillen! – Aber wie konnten Sie es glauben? Wie konnten Sie mich so kränken? Warum wollen Sie mir mit aller Gewalt dieses kleine Weilchen Ihres Hierseins verderben? Ein fremder Mensch wäre entgegenkommender als Sie.«

»Das glaube ich; das war keine Weisheit. So nah, als Ihnen ein fremder Mensch entgegenkommen kann, bin ich Ihnen schon von Natur aus. Das wissen Sie auch, wozu also die Wehmut? Sagen Sie, daß Sie Komödie spielen wollen, und ich gehe augenblicklich.«

»So? Auch das wagen Sie mir zu sagen? Sie sind ein wenig zu kühn. Am Ende sind Sie doch in meinem Zimmer. Sie reiben Ihre Finger wie verrückt an meiner Wand. Mein Zimmer, meine Wand! Und außerdem ist das, was Sie sagen, lächerlich, nicht nur frech. Sie sagen, Ihre Natur zwinge Sie, mit mir in dieser Weise zu reden. Wirklich? Ihre Natur zwingt Sie? Das ist nett von Ihrer Natur. Ihre Natur ist meine, und wenn ich mich von Natur aus freundlich zu Ihnen verhalte, so dürfen auch Sie nicht anders.«

»Ist das freundlich?«

»Ich rede von früher.«

»Wissen Sie, wie ich später sein werde?«

»Nichts weiß ich.«

Und ich ging zum Nachttisch hin, auf dem ich die Kerze anzündete. Ich hatte in jener Zeit weder Gas noch elektrisches Licht in meinem Zimmer. Ich saß dann noch eine Weile beim Tisch, bis ich auch dessen müde wurde, den Überzieher anzog, den Hut vom Kanapee nahm und die Kerze ausblies. Beim Hinausgehen verfing ich mich in ein Sesselbein.

Auf der Treppe traf ich einen Mieter aus dem gleichen Stockwerk.

»Sie gehen schon wieder weg, Sie Lump?« fragte er, auf seinen über zwei Stufen ausgebreiteten Beinen ausruhend.

»Was soll ich machen?« sagte ich, »jetzt habe ich ein Gespenst im Zimmer gehabt.«

»Sie sagen das mit der gleichen Unzufriedenheit, wie wenn Sie ein Haar in der Suppe gefunden hätten.«

»Sie spaßen. Aber merken Sie sich, ein Gespenst ist ein Gespenst.«

»Sehr wahr. Aber wie, wenn man überhaupt nicht an Gespenster glaubt?«

»Ja meinen Sie denn, ich glaube an Gespenster? Was hilft mir aber dieses Nichtglauben?«

»Sehr einfach. Sie müssen eben keine Angst mehr haben, wenn ein Gespenst wirklich zu Ihnen kommt.«

»Ja, aber das ist doch die nebensächliche Angst. Die eigentliche Angst ist die Angst vor der Ursache der Erscheinung. Und diese Angst bleibt. Die habe ich geradezu großartig in mir.« Ich fing vor Nervosität an, alle meine Taschen zu durchsuchen.

»Da Sie aber vor der Erscheinung selbst keine Angst hatten, hätten Sie sie doch ruhig nach ihrer Ursache fragen können!«

»Sie haben offenbar noch nie mit Gespenstern gesprochen. Aus denen kann man ja niemals eine klare Auskunft bekommen. Das ist ein Hinundher. Diese Gespenster scheinen über ihre Existenz mehr im Zweifel zu sein, als wir, was übrigens bei ihrer Hinfälligkeit kein Wunder ist.«

»Ich habe aber gehört, daß man sie auffüttern kann.«

»Da sind Sie gut berichtet. Das kann man. Aber wer wird das machen?«

»Warum nicht? Wenn es ein weibliches Gespenst ist z. B.« sagte er und schwang sich auf die obere Stufe.

»Ach so«, sagte ich, »aber selbst dann steht es nicht dafür.«

Ich besann mich. Mein Bekannter war schon so hoch, daß er sich, um mich zu sehen, unter einer Wölbung des Treppenhauses vorbeugen mußte. »Aber trotzdem«, rief ich, »wenn Sie mir dort oben mein Gespenst wegnehmen, dann ist es zwischen uns aus, für immer.«

»Aber das war ja nur Spaß«, sagte er und zog den Kopf zurück.

»Dann ist es gut«, sagte ich und hätte jetzt eigentlich ruhig spazieren gehen können. Aber weil ich mich gar so verlassen fühlte, ging ich lieber hinauf und legte mich schlafen.

Franz Kafka: Unglücklichsein. In: F. K.: Betrachtung. Leipzig 1913. Zit. nach: www.projekt-gutenberg.org/kafka/erzaehlg/chap006.html (Stand: 5. 8. 2024).

11 Die Parabel »Vor dem Gesetz« deuten

Sachanalyse

Im Mittelpunkt des 9. Kapitels »Der Dom« (Reclam XL, S. 182–205) steht die kurze Parabel, die Kafka in der gesonderten Veröffentlichung mit »Vor dem Gesetz« betitelt hat (Reclam XL, 197,1–198,22). Sie kann kontextfrei für sich analysiert werden, bildet aber auch den Inhalt und Verlauf des gesamten Romanfragments ab. Daher bietet sich dieses Kapitel an, um eine Deutung der Parabel vorzunehmen und zugleich Merkmale von Parabel und modernem Roman im Vergleich zu erarbeiten.

Das Kapitel kann inhaltlich in vier Abschnitte unterteilt werden: die Zusammenkunft mit dem italienischen Geschäftskunden in der Bank, die besonders die Thematik des Nicht-Verstehens aufgreift; das Gespräch im Dom mit dem Gefängniskaplan; die Erzählung der Parabel selbst sowie deren Deutung.

Die Thematik des Nicht-Verstehens. Die Problematik des Nicht-Verstehens, die Texte und Figuren Kafkas auszeichnet, wird zu Beginn des 9. Kapitels offensichtlich in der Angst K.s, einem italienischen Geschäftskunden mit seinen Italienischkenntnissen nicht gerecht zu werden. Diese der Parabel vorangestellte Szene entlastet den Leser auf der einen Seite und stellt ihn auf der anderen K. gleich, da auch dieser sowohl mit der Parabeldeutung überfordert scheint als auch mit dem Nicht-Verstehen seiner Schuld und den Vorgängen seines Prozesses. Mihály, die die auftretenden männlichen Figuren als Teil des Selbst von K. interpretiert, ist der Ansicht, dass das »Nicht-Verstehen des Italieners eigentlich das Unverständnis des eigenen Selbst«[1] darstellt. Das Nicht-Verstehen zeigt sich besonders pointiert darin, dass das Treffen mit dem Italiener im Dom aufgrund einer falschen Uhrzeit unmöglich ist: »K. war pünktlich gekommen, gerade bei seinem Eintritt hatte es 11 geschlagen, der Italiener war aber noch nicht hier.« (188,13–15) Diese falsche Uhrzeit – 10 Uhr war vereinbart gewesen (vgl. 186,10 f.) – wird im Text nicht erklärt; sie kann ein Verschulden K.s sein oder eine Unachtsamkeit oder bewusste Setzung Kafkas. Der Leser wird jedenfalls irritiert, aber nicht aufgeklärt. K. scheint von seiner Pünktlichkeit auszugehen, da er dreißig Minuten auf den Italiener warten möchte.[2] Die Verwirrung bezüglich der Uhrzeit wird noch verstärkt: Als K. nach längerer Wartezeit überlegt, ob er bleiben soll, »sah auf seine Uhr, es war 11« (192,1 f.). Dieser Zustand korrespondiert mit der Umgebung im Dom: Auch die Lichtverhältnisse (Kerzen, »es vermehrte vielmehr die Finsternis«, 189,4) verdeutlichen symbolisch die innere Dunkelheit in K., die Klarheit und Verstehen entgegengesetzt ist.

Das Gespräch mit dem Gefängniskaplan. Eine mit Licht versehene Nebenkanzel zieht die Aufmerksamkeit K.s auf sich; das Licht suggeriert Klarheit. Dort trifft er auf einen Geistlichen, der ihn fragt: »Weißt Du, dass Dein Prozess schlecht steht?« (194,16) »Mit dem Gefängniskaplan und dessen Hinweis auf das bevorstehende Urteil wird erstmals ein Eingreifen der höheren, wenn nicht der höchsten Instanzen suggeriert«, so Klaus-Detlef Müller.[3] Dass die Begegnung im sakralen Raum des Doms stattfinde, müsse nicht bedeuten, dass der Prozess »eine religiöse oder transzendente Bedeutung hat. Es verleiht ihm aber eine Würde und eine Aura, die es über den Schmutz und das Elend der Kanzleien, über die von ihr schon kontaminierte profane Arbeitswelt und die sexualisierte private Umwelt K.s erhöht.«[4] K. und der Gefängniskaplan sprechen über anthropologische Grundfragen und wiederholt über die Schuldthematik: »›Wie stellst du dir das Ende vor‹, fragte der Geistliche. ›Früher dachte ich es müsse gut enden‹, sagte K., ›jetzt zweifle ich daran manchmal selbst. Ich weiß nicht, wie es enden wird. Weißt du es?‹ ›Nein‹, sagte der Geistliche« (194,19–23). K. möchte wissen: »Wie kann denn ein Mensch überhaupt schuldig sein. Wir sind hier doch alle Menschen, einer wie der andere.« (194,27–29) Hier erfährt der Schuldbegriff eine Erweiterung: »Von der Schuld in Form eines Gesetzesverstoßes und vom Gefühl der subjektiven Schuld aus hat [er] sich zubewegt auf etwas absolut Böses – nicht in einem gesetzmäßigen, sondern eher in einem moralischen, möglicherweise sogar in einem theologischen Sinn.«[5] K. verweist darauf, dass der Mensch an sich unvollkommen und fehlbar ist und insofern alle Menschen grundsätzlich ›schuldig‹ sind. Insofern sei es sinnlos, nur einen Einzelnen – ihn – herauszugreifen und anzuklagen.

K.s Absicht, weiterhin Unterstützung zu suchen, insbesondere bei Frauen, missfällt dem Geistlichen:

1 Csilla Mihály, *Figuren und Figurenkonstellationen in Kafkas Erzähltheater. Zur Erklärungsfunktion der Wiederholungsstrukturen im mittleren Werk*, Wien 2015, S. 165.
2 Vgl. Klaus-Detlef Müller, *Franz Kafka. Romane*, Berlin 2007, S. 93.
3 Müller (Anm. 2), S. 91.
4 Ebd.
5 Ritchie Robertson, *Franz Kafka. Leben und Schreiben*, aus dem Engl. von Josef Billen, Darmstadt 2009, S. 102.

Das sei »nicht die wahre Hilfe« (195,8). »Gleichwohl ist dieser Tadel ein Schlüssel zum Verständnis des Romans, denn die Vertreter des Gerichts verweisen K. wiederholt darauf, dass er bei sich selbst die Lösung für sein Problem zu suchen habe, anstatt die Verfahrensweisen des Gerichts ergründen und bekämpfen zu wollen.«[6] Vielleicht hat K. die Frauen auch in seiner Stellung als Angeklagter für das »Ausleben seiner sexuellen Wünsche« missbraucht[7], was der Kaplan missbilligt.

K. wünscht sich vom Geistlichen »einen entscheidenden und annehmbaren Rat [...], der ihm z. B. zeigen würde, nicht etwa wie der Prozess zu beeinflussen war, sondern wie man aus dem Prozess ausbrechen, wie man ihn umgehen, wie man außerhalb des Prozesses leben könnte. Diese Möglichkeit musste bestehn« (196,6–10). »Angesichts eines derartigen Mißverstehens (daher die Dunkelheit) müßte der Geistliche Josef K. aufklären, doch [...] er kann die Antwort nicht geben, der Erkenntnisvorgang wird blockiert, unterdrückt.«[8] Als K. dem Geistlichen mitteilt, dass er zu ihm mehr Vertrauen habe als zu jemandem sonst beim Gericht, widerspricht der Geistliche ihm: »In dem Gericht täuschst Du Dich« (196,36 f.). Damit sagt er, dass K. auch dem Gericht vertrauen müsse.

Die Parabel. Der Geistliche ergänzt: »in den einleitenden Schriften zum Gesetz heißt es von dieser Täuschung« (196,37–197,1) – und fährt mit der Türhüter-Parabel fort. Der Geistliche nimmt hiermit erstmals explizit Bezug auf das unbekannte Gesetz, auf das das Gericht rekurriert. In der Parabel findet sich jedoch nicht das Gesetz selbst, sie ist vielmehr eine »Vorbedingung für ein Verständnis des Gesetzes bzw. für den bewußten Zugang zu ihm [...], wird dadurch fast selbst zu einer Art Türhüter vor dem Gesetz.«[9] »Vor dem Gesetz steht ein Türhüter« (197,1 f.), beginnt diese berühmt gewordene Parabel, die Kafka als einzigen Teil des Romans 1915 selbst unter dem Titel »Vor dem Gesetz« in der zionistischen Wochenzeitung *Selbstwehr*[10] veröffentlicht hat.

Ein »Mann vom Lande [...] bittet um Eintritt in das Gesetz. Aber der Türhüter sagt, dass er ihm jetzt den Eintritt nicht gewähren könne.« (197,2–5) Der möglicherweise erste Fehler des Mannes ist, dass er um Einlass bittet, also die »blockierende Instanz von vornherein anerkennt.«[11] Da die Türe offen ist, sieht der Mann ins Innere, woraufhin der Türhüter lachend antwortet, dass vor weiteren Toren wieder Türhüter stünden, einer mächtiger als der nächste (vgl. 197,7–15). »Solche Schwierigkeiten hat der Mann vom Lande nicht erwartet, das Gesetz soll doch jedem und immer zugänglich sein denkt er, aber als er jetzt den Türhüter in seinem Pelzmantel genauer ansieht[...], entschließt er sich doch lieber zu warten bis er die Erlaubnis zum Eintritt bekommt.« (197,15–20) So setzt sich der Mann auf einen Schemel seitlich der Tür, fragt immer wieder, in der Hoffnung eingelassen zu werden, besticht den Türhüter, der jedoch nur dazu meint: »Ich nehme es nur an, damit Du nicht glaubst, etwas versäumt zu haben« (197,31–33) und wartet. Der Mann wartet aus eigener Entscheidung sein ganzes Leben, ohne selbst einen weiteren Schritt zu tun. Am Ende hat der Mann nur noch eine Frage, warum außer ihm niemand Einlass in das Gesetz begehrt habe, worauf er die Antwort erhält: »Hier konnte niemand sonst Einlass erhalten, denn dieser Eingang war nur für Dich bestimmt. Ich gehe jetzt und schließe ihn.« (198,20–22)

Auch für diese Parabel gibt es zahlreiche Deutungen: Der Weg zum Gesetz durch die verschiedenen Tore und die Überwindung der einzelnen Türhüter kann für die Lebensaufgaben stehen, die ein Mensch im Lauf seines Lebens zu absolvieren hat. Scheitert er schon an der ersten und bewegt sich nicht mehr fort, ist das weitere Leben an sich sinnlos, da nur das Warten auf den Tod bleibt. Auch könnte die Einschränkung des Blickwinkels auf den einen Türhüter bzw. Eingang bedeuten, dass andere Gelegenheiten und Chancen verpasst werden. Andere Deutungen sehen in der Parabel die Natur des Gesetzes und dessen Unklarheiten[12] bzw. das Gesetz als »idealen Machtapparat«[13] oder den Zugang zu Institutionen und die Anerkennung geltender Regeln.[14] Jeziorkowski vermutet, dass die innerste Sphäre des Gesetzes bzw. des Gerichts »jene Stelle der nichterkennbaren Dinge an sich repräsentiere«, was bedeute, dass weder der Mann vom Lande noch Josef K. »je zu diesem Zentrum, dem Grund aller Phänomene«[15] vordringen könne. Zimmermann dagegen interpretiert die Parabel u. a. als Darstellung jüdischen Gedankenguts: »Das Gesetz, also Singular mit bestimmtem Artikel, ist überdeutlich: hier steht die deutsche Formulierung für Tho-

6 Susanne Kaul, *Einführung in das Werk Franz Kafkas*, Darmstadt 2010, S. 104.
7 Vgl. Müller (Anm. 2), S. 96.
8 Ralf R. Nicolai, *Kafkas »Prozess«. Motive und Gestalten*, Würzburg 1986, S. 228.
9 Ebd., S. 230 f.
10 Hans Dieter Zimmermann, *Kafka für Fortgeschrittene*, München 2004, S. 132.
11 Nicolai (Anm. 8), S. 231.
12 Vgl. Anette Horn / Peter Horn, *In einer fenster- und türlosen Zelle. Die Romane Franz Kafkas*, Oberhausen 2015, S. 170.
13 Karol Sauerland, »Der ideale Machtapparat und das Individuum«, in: Hans Dieter Zimmermann (Hrsg.), *Nach erneuter Lektüre. Franz Kafkas »Der Proceß«*, Würzburg 1992, S. 241 f.
14 Vgl. Robertson (Anm. 5), S. 108.
15 Klaus Jeziorkowski, »Das Bett«, in: Hans Dieter Zimmermann (Hrsg.), *Nach erneuter Lektüre. Franz Kafkas »Der Proceß«*, Würzburg 1992, S. 102 f.

ra«.[16] Und wiederum andere sehen im Symbol des unerreichbaren und unbeeinflussbaren Gerichts die unklare Übermacht von Kafkas Vater oder aber das Unbewusste, und im Türhüter die »zensierende Instanz« der seit der Kindheit verinnerlichten »Tabus« zwischen der Sphäre des Bewussten und »den nichtreflektierenden Es-Kräften«[17].

Die Parabeldeutung durch K. und den Geistlichen. K. selbst deutet die Parabel insofern, als er von einer bewussten Täuschung des Türhüters gegenüber dem Mann ausgeht, weil er ihm die alles entscheidende Antwort erst am Ende von dessen Leben gibt. Er streitet sich fast mit dem Geistlichen über die Verantwortung und Aufgabe des Türhüters: »Seine Pflicht war es vielleicht alle Fremden abzuwehren, diesen Mann aber, für den der Eingang bestimmt war, hätte er einlassen müssen.« (198,34–36) Der Geistliche erwidert, dass zwischen den beiden zentralen Aussagen des Türhüters »›dass er ihm jetzt den Eintritt nicht gewähren könne‹ und [der] andere[n]: ›dieser Eingang war nur für Dich bestimmt.‹« (199,4f.) »kein Widerspruch« (199,8) bestünde und damit auch keine Pflichtverletzung des Türhüters. Er erläutert weiter, warum das Verhalten des Türhüters absolut fair gewesen sei (vgl. 199,1–30). Jedoch räumt der Geistliche auch Schwächen des Türhüters ein: »Es ist nämlich nicht zu leugnen, dass er ein wenig einfältig und im Zusammenhang damit ein wenig eingebildet ist.« (199,35f.) »Die Erklärer sagen hiezu: Richtiges Auffassen einer Sache und Missverstehn der gleichen Sache schließen einander nicht vollständig aus.« (200,5–7) »Die Differenz von Wahrheit und Schein erweist sich als eine Frage der Perspektive.«[18] In der Folge zählt K. die guten Seiten des Türhüters auf (vgl. 200,11–24) – so hat auch jedes Problem, wie z.B. die Angst, seine guten Seiten und kann dem Menschen helfen – und beschreibt, dass der Türhüter selbst Angst vor dem Inneren habe, da er keinen Wunsch zum Eintritt verspüre. »Aus alledem schließt man, dass er über das Aussehn und die Bedeutung des Innern nichts weiß und sich darüber in Täuschung befindet. Aber auch über den Mann vom Lande soll er sich in Täuschung befinden, denn er ist diesem Mann untergeordnet und weiß es nicht. [...] Vor allem ist der Freie dem Gebundenen übergeordnet. Nun ist der Mann tatsächlich frei, er kann hingehn wohin er will« (201,27–37). »Der Türhüter ist ›durch sein Amt an seinen Posten gebunden‹, nämlich an die für den Mann vom Lande bestimmte Tür; dadurch ist er aber gleichzeitig an den Mann vom Lande gebunden, dessen Zensurinstanz er ja ist. Durch diesen Umstand ist er ihm also gleichzeitig untergeordnet als auch übergeordnet.«[19] Der Türhüter wird vom Geistlichen seiner Beschreibung nach als ängstlich geschildert, als jemand, der noch nie im Inneren des Gesetzes gewesen ist, dieses folglich auch nicht kennen kann, sowie als dem Mann vom Lande ob seiner Unfreiheit untergeordnet, doch weiß jener all dies nicht. Der Begriff der »Täuschung« des Türhüters wird hierbei hervorgehoben. Demnach ist er ein falscher Ratgeber für den Mann vom Lande; dadurch dass dieser auf jenen hört, vergeudet er sein Leben. Der Geistliche erklärt, dass die Interpretationen über die Schrift auseinandergingen, wie es ja auch in der Realität der Fall ist, dass die Deutungen der Parabel divergieren. »Du musst nicht zu viel auf Meinungen achten. Die Schrift ist unveränderlich und die Meinungen sind oft nur ein Ausdruck der Verzweiflung darüber.« (200,37–201,3)

Der Geistliche führt noch weitere Argumente an (vgl. 202) und K. lässt sich überzeugen, dass der Türhüter auch getäuscht wurde, jedoch ebenfalls der Mann vom Lande, da sich die Täuschung des Türhüters »notwendig auf den Mann über[trägt]« (203,12).

K. traut sich nicht, allein den Ausgang des Doms zu finden, ein Bild für sein Verharren in seiner Lage und seiner Angst. Dies deutet den Ausgang des Romanfragments bereits an, da ja auch der Mann vom Lande schließlich scheitert und stirbt. Letztlich endet das Kapitel mit der Rede des Geistlichen: »Das Gericht will nichts von Dir. Es nimmt Dich auf wenn du kommst und es entlässt Dich wenn Du gehst.« (205,3–5)

16 Zimmermann (Anm. 10), S. 142f.
17 Nicolai (Anm. 8), S. 238.
18 Andreas B. Kilcher, *Franz Kafka*, Frankfurt a. M. 2008, S. 103.
19 Nicolai (Anm. 8), S. 239.

Unterrichtsverlauf

Überblick. Die Schülerinnen und Schüler setzen sich intensiv mit der Parabel im Romanfragment auseinander. Sie wenden Merkmale von Parabel und modernem Roman an und entwickeln – auch kreative – Deutungsansätze. **! Verkürzter Verlauf: 11.1 – 11.2 – 11.3 – 11.4**

Phase	Thema	Sozialform	Kompetenzen und Lernziele	Materialien
Voraussetzungen: Textkenntnis bis S. 205				
11.1	Einstieg: Filmausschnitt	UG	• Eindrücke sammeln • Erste Deutung entwickeln	
11.2	Individuelle Deutung der Parabel	EA / UG	• Bildebene der Parabel auf die Sachebene beziehen • Die Parabel kreativ interpretieren	ARBEITSBLATT 11a ➤ S. 90 ARBEITSBLATT 11b ➤ S. 91
11.3	Deutungsabgleich	UG	• Deutungen vergleichen • Die eigene Interpretation hinterfragen und erweitern	
11.4	Merkmale der Parabel und des modernen Romans	PA / UG	• Merkmale der Parabel und des modernen Romans kennen • Die Merkmale auf den konkreten Text anwenden	ARBEITSBLATT 11c ➤ S. 92 f.
11.5 **fakultativ**	Motive der Rahmenhandlung	UG	• Bekannte Motive eruieren • Motive deuten	
11.6 **fakultativ**	Die Parabel im Podcast	GA	• Die Parabel kreativ umsetzen	VORLAGE 11 ➤ S. 89
HA	Wiederholendes Lesen des 10. Kapitels »Ende«			*Der Process*, Reclam XL, S. 206–211

11.1 Einstieg: Filmausschnitt

Unterrichtsschritt. Der Ausschnitt aus Orson Welles' Film *Der Prozeß* (1962) zur Parabel »Vor dem Gesetz« wird gezeigt. Die Schülerinnen und Schüler äußern sich spontan in einem Blitzlicht zu Eindrücken, aber auch schon zu ersten Deutungsideen. UG

Kafkas »Vor dem Gesetz«: www.youtube.com/watch?v=jQDi7SEmfs4 (2:43 min). Internetzugang

Erläuterungen. Zur Blitzlicht-Methode vgl. Unterrichtsschritt 3.1. Alternativ zum Filmausschnitt kann auch folgende Schülerleistung gezeigt werden: www.youtube.com/watch?v=Aauv-_psZ88 (8:10 min), die den Kontext des Romanfragments in die Darstellung integriert. Ein Film beeinflusst natürlich immer schon durch die Interpretation des Regisseurs die Wahrnehmung der Zuseher. Dies sollte bei der Rezeption bedacht werden.

11.2 Individuelle Deutung der Parabel

EA / UG

ARBEITSBLATT 11a ➤ S. 90
ARBEITSBLATT 11b ➤ S. 91

Unterrichtsschritt. Die Schülerinnen und Schüler deuten schreibend individuell die Parabel (*Der Process*, Reclam XL, 197,1–198,22). Dafür sollen sie die Bilder in realistische Szenarien in Form einer Erzählung übertragen. Zur Planung können die Schülerinnen und Schüler ARBEITSBLATT 11a ***Planung der Parabeldeutung*** nutzen. Sie tragen in der Mitte des Labyrinths ein, wofür für sie das Gesetz steht, und vor den passenden Eingang, der zum Gesetz führt, eine Deutung für den Türsteher. Leistungsschwächeren Schülerinnen und Schülern kann die Ideensammlung ARBEITSBLATT 11b ***Ideen für die Deutung der Parabel*** als Hilfestellung angeboten werden. Nach Wunsch werden die entstandenen Geschichten im Plenum präsentiert.

Erläuterungen. Die Parabel entzieht sich einer eindeutigen Interpretation. Um die Schülerinnen und Schüler auch emotional an die Vielfalst der Deutungen einer Parabel und den Aufbau einer Parabel induktiv heranzuführen, ist es sinnvoll, diese eine jeweils eigene Interpretation finden zu lassen. Ob sie sich dabei auf die heutige Zeit, das Leben Kafkas oder eine andere historischen Person oder auch Institution beziehen, ist ihnen überlassen. Im anschließenden Unterrichtsgespräch sollte darauf eingegangen werden, dass die Parabel darüber hinaus auch für die Deutung des Romanfragments eine wichtige Rolle spielt: Auch dieses entzieht sich einer eindeutigen Interpretation; Vorgaben dafür können lediglich als Hilfestellung betrachtet werden. Tatsächlich macht die Parabel ein wichtiges Ziel des Literaturunterrichts sichtbar, dass nämlich Deutungen subjektiv sind und durch neue Erkenntnisse ständig wachsen können, wenn man sich diesen nicht verschließt. So wächst auch das Verständnis, und eigene Entwicklungsprozesse können – ohne innere oder äußere Blockaden – voranschreiten.

UG

11.3 Deutungsabgleich

Unterrichtsschritt. Im Plenum erfolgt die Vorstellung zumindest der Ideen (falls die Erzählungen noch nicht fertig sind). Hierbei kann an der Tafel eine Mindmap entstehen, die die unterschiedlichen Deutungsansätze fasst. Diese werden anschließend verglichen mit der Deutung K.s und des Geistlichen (198,23–203,35).

PA / UG

11.4 Merkmale der Parabel und des modernen Romans

ARBEITSBLATT 11c
➤ S. 92 f.
Lösungshinweise
➤ S. 115

Unterrichtsschritt. Die Schülerinnen und Schüler lesen arbeitsteilig ARBEITSBLATT 11c ***Parabel und moderner Roman*** und beziehen die Merkmale auf den Text, indem sie die Tabelle ausfüllen. Die tabellarisch erfassten Ergebnisse können im anschließenden Unterrichtsgespräch verbessert werden.

11.5 Motive der Rahmenhandlung (fakultativ)

UG

Unterrichtsschritt. Die Schülerinnen und Schüler sammeln im Plenum Motive aus K.s Verhalten in der Bank und im Dom (Reclam XL, S. 182–205), die sie bereits kennen, und deuten diese stimmig im Blick auf den Romanverlauf und auf die erarbeiteten Aspekte des modernen Romans.

Motive, die identifiziert werden können, sind z. B.:
- Druck/Sprachprobleme, Uhrzeit ➤ Biografie Kafkas
- Sprachprobleme/Uhrzeit/Lichtverhältnisse im Dom ➤ Verstehensprobleme
- Omnipräsenz des Gerichts ➤ Ständige Anwesenheit des Unbewussten, Schicksals, höherer Mächte etc.
- Dom, Geistlicher ➤ höhere Macht
- Diskussion der Schuldfrage ➤ jeder ist irgendwie schuldig
- Frauen ➤ Hilfe im Außen statt in sich selbst suchen; Sphäre der Erotik
- Täuschungen ➤ subjektive Weltsicht jedes Einzelnen
- Weg nicht finden ➤ Keine neuen Erkenntnisse, kein Wissenszuwachs
- Gericht ➤ Synonym für Gott, die Gesellschaft, die Gesellschaftsordnung, ein System, eine Institution, das Schicksal, das wahre Sein etc.

GA

11.6 Die Parabel im Podcast (fakultativ)

VORLAGE 11
➤ S. 89

Unterrichtsschritt. Für ihre Podcastfolge wählen die Schülerinnen und Schüler eine der in VORLAGE 11 ***Podcast-Themen*** aufgeführten Bearbeitungsmöglichkeiten aus.

VORLAGE 11

Podcast-Themen

Wählen Sie aus den folgenden Themen eines aus, das Sie für Ihre heutige Podcastfolge aufbereiten.

Möglichkeit 1:
Sie führen Interviews mit dem Türhüter sowie dem Mann vom Lande.

Möglichkeit 2:
Sie deuten für Ihre Hörerinnen und Hörer die Parabel in Bezug auf das heutige Leben.

Möglichkeit 3:
Sie beziehen die Parabel auf die Deutung des Romanfragments und stellen dies den Hörerinnen und Hörern gut verständlich dar.

Möglichkeit 4:
Sie erfinden eine Möglichkeit, auf welche Weise der Mann vom Lande den Türhüter überlisten oder überreden hätte können, erzählen diese im Podcast; anschließend folgt, was den Mann vom Lande danach erwartet.

Möglichkeit 5:
Sie haben als Podcaster eine Zuschrift des Mannes vom Land erhalten mit der Bitte um Hilfe. Sie erarbeiten für ihn eine Hypnose des Türstehers, mit deren Hilfe der Mann vom Lande passieren kann. Diese Hypnose spielen sie im Podcast ab.

Hausaufgabe

In häuslicher Lektüre lesen die Schülerinnen und Schüler wiederholend das 10. Kapitel »Ende« aus *Der Process*, Reclam XL, S. 206–211.

ARBEITSBLATT 11a

Planung der Parabeldeutung

(*Der Process*, Reclam XL, 197,1–198,22)

Arbeitsaufträge:

1. Tragen Sie in der Mitte des Labyrinths eine Deutung ein, wofür das Gesetz stehen könnte.
2. Tragen Sie beim passenden Eingang, der zum Gesetz führt, eine Deutung für den Türsteher ein.

ARBEITSBLATT 11b

Ideen für die Deutung der Parabel

(*Der Process*, Reclam XL, 197,1–198,22)

- Eine Person hat Angst vor einer Sache, »steckt« infolge der Angst »fest« und kann sich nicht entfalten bzw. ihre Ziele verfolgen.
- Eine Machtinstanz verhindert über »banale« Ablenkungsmanöver, dass ihre Machenschaften ans Tageslicht treten.
- Eltern hindern ihre Kinder durch kleine Erniedrigungen, ihre Wunschziele zu erreichen.
- Die Religion verbietet oberflächlich bestimmte Dinge (z. B. Sexualität ohne Ehe), um eine scheinbare Moral aufrechtzuerhalten.
- Bisher erlebtes Negatives hindert mich daran, meine größeren Wünsche/Ziele zu erreichen.
- »Freunde« raten von etwas aus Neid ab.
- »Tür« zur Erkenntnis von etwas wird durch eine Instanz versperrt.
- Eine Lehrkraft verbietet eine bestimmte Interpretation einer mehrdeutigen Erzählung.
- Der Weg und damit die Überwindung der Hindernisse ist das Ziel.

Meine Ideen:

Parabel und moderner Roman

Die Parabel. Der Begriff der »Parabel« stammt aus dem Griechischen (*parabole* = ›Nebeneinandersetzen, Vergleich, Gleichnis‹). In der Antike wurden Parabeln in der Rhetorik eingesetzt, um eigene Argumente zu verbildlichen und damit anschaulicher zu machen.

Die Parabel gehört zu den kurzen, belehrenden, epischen Textsorten. Folglich ist sie zweckgerichtet. In einer Parabel wird eine fiktive Situation auf einer *Bild*ebene geschildert, die auf die Realität – also die *Sach*ebene – übertragen werden kann und soll. Diese Interpretation ist oft nicht so einfach, da die Lehre der Parabel meist nur zwischen den Zeilen gelesen werden kann. Hierfür muss der Schnittpunkt der beiden Ebenen, das *tertium comparationis*, gefunden werden. Die Deutungen wie die Festlegung des Schnittpunkts sind nicht festgelegt, vielmehr sind (oft) verschiedene Lesarten möglich. Die Parabel weist meist ein offenes Ende auf. Themengebiete von Parabeln entstammen häufig der Religion oder Philosophie. Oft befinden sich Parabeln innerhalb eines größeren Werkes (Binnenerzählung). Eine der bekanntesten Parabeln der deutschen Literatur ist die »Ringparabel« von Gotthold Ephraim Lessing im Aufklärungsdrama *Nathan der Weise* (1779).

Der moderne Roman. Für die Prosaliteratur ab dem beginnenden 20. Jahrhundert hat sich der Ausdruck »Moderner Roman« in der Literaturwissenschaft etabliert. Im modernen Roman erfolgt häufig eine Fragmentierung der Realität, da die Autoren der Welt und sich selbst entfremdet sind. Sie verfolgen die Absicht darzustellen, dass es kein für alle verbindliches Weltbild und keine einheitlichen Werte mehr gibt. Der Mensch ist zerrissen zwischen verschiedenen Möglichkeiten und Einflüssen. Zugleich experimentieren die Autoren mit neuen Erzähltechniken, die sich teils auch an die Filmkunst anlehnen.

Kennzeichnend für den modernen Roman ist ein (mehr oder weniger häufiger) Wechsel der Erzählperspektiven oder die verstärkte Anwendung der personalen Erzählhaltung, wohingegen der traditionelle Roman meist durch einen auktorialen, also allwissenden Erzähler gekennzeichnet ist.

Ein weiteres Merkmal ist im modernen Roman die Vermischung verschiedener literarischer Gattungen. Diese Art des Erzählens nennt sich Montagetechnik und entstammt dem Film. Sie meint auch die Zusammenfügung verschiedenster Zeit- und Handlungsebenen durch Schnitte und Blenden. In der Literatur zeigt sich dies durch Zeitsprünge, Rückblenden, Vorausdeutungen, Erinnerungen, Assoziationsketten, Leerstellen etc. Das Handlungsgefüge ist also nicht mehr chronologisch, sondern sprunghaft und zufällig und damit verwirrend.

Typisch für den modernen Roman ist ferner der Einsatz von vielen Dialogen in wörtlicher Rede. Auch die Technik des inneren Monologs, bei dem eine Figur aus der Innensicht in der Ich-Perspektive (Präsens) ihre Gefühle und Erfahrungen schildert, findet häufig Anwendung – alternativ zur erlebten Rede (3. Pers. Prät., personaler Erzähler schildert Gedanken etc.). Eine extreme Ausprägung des inneren Monologes ist der Stream of Consciousness. Hierbei werden unstrukturiert Empfindungen und Wahrnehmungen einer Figur aneinandergereiht – im Gegensatz zu einer rationalen gedanklichen Überlegung.

Der Held ist im modernen Roman nicht zwingend eine positive Figur, sondern eher durchschnittlich oder sogar negativ und unzulänglich gezeichnet und wird in dem Fall als »Antiheld« bezeichnet. Typische Charakterzüge des modernen »Helden« sind Ängstlichkeit, Verzagtheit, Mittelmäßigkeit, Zerrissenheit. Die Lesenden können sich damit nicht mehr an ihm als Wunsch- oder Zielbild orientieren. Stattdessen wird ihnen die verworrene und komplizierte Weltsicht der Moderne präsentiert, in der es keine klaren Werte, moralische Orientierungspunkte und familiäre Bindungen mehr gibt. Im Gegensatz zum traditionellen Roman ist also das einheitliche Glaubens-, Wissens- und Weltgefüge aufgelöst, der Held wird individualisiert in seinen persönlichen Problemen und Schwierigkeiten, sich in der unübersichtlichen Welt zurechtzufinden. Er ist hilflos, der Sinn des Lebens ist fragwürdig oder wird gesucht. Ziel ist u. a., dass die Lesenden über sich und die Welt, in der sie leben, nachdenken, indem sie schockiert und verunsichert werden.

Arbeitsauftrag:
Lesen Sie die Erläuterungen zur Parabel und zum modernen Roman und füllen sie die folgende Tabelle aus, indem Sie jeweils die zentralen Merkmale identifizieren und die Übereinstimmungen im Romanfragment *Der Process* suchen.

Merkmale der Parabel	Merkmale am Beispieltext

Merkmale des modernen Romans	Merkmale am Beispieltext

12 Das Romanfragment im hermeneutischen Zirkel rekapitulieren

Sachanalyse

Das Schlusskapitel »Ende« (Reclam XL, S. 206–211), das den Tod von Josef K. zum Inhalt hat, eignet sich, um eine Rückschau zu halten auf das gesamte Romanfragment, die Entwicklung des Protagonisten, aber auch die eigene Entwicklung der Leserinnen und Leser durch die Lektüre.

Der hermeneutische Zirkel. Um eine solche Entwicklung abzubilden, kann das Verfahren des hermeneutischen Zirkels herangezogen werden, der innerhalb dieses Kreis- oder besser Spiralformats den individuellen Verstehensprozess des Lesers versinnbildlicht. Damit kann die Lerngruppe anstreben, die Lücke, die zwischen dem Gemeinten und dem Verstandenen besteht (und möglicherweise bestehen bleiben muss), möglichst klein werden zu lassen. In der Erkenntnis des Lesers entsteht mit jeder neuen Lektüre des Romanfragments eine fortlaufende Aufwärtsspirale. Wie diese zu erfolgen hat, macht Kafka durch Josef K. selbst deutlich. Da dessen ständige Versuche, die »fremde, weitverzweigte Welt des Gerichts und das undurchschaubare Verfahren des Prozesses zu verstehen« scheitern, weil er in »seinen konventionellen rationalen Denkkategorien zu verstehen versucht, was offenkundig nur auf anderem Weg zu verstehen wäre«[1], ist es auch für den Leser erforderlich, sich auf eine andere Ebene als die kognitive zu begeben.

Lernprozess. Ähnlich dem hermeneutischen Zirkel schließt sich mit dem Tod des Protagonisten ein vermeintlicher Kreis. Der Eindruck eines Kreises wird verstärkt durch die ausgeprägte inhaltliche Nähe von Anfangs- und Schlusskapitel, die zudem von Kafka auch direkt aufeinanderfolgend verfasst wurden. So können Beginn und Ende des Romanfragments als strukturelles Gerüst gesehen werden, innerhalb dessen sich der Protagonist zwar »nicht ›entwickelt‹, aber verändert«[2]. Dieser »Lernprozeß«[3] beschämt K. auch, weil es so lange dauerte, bis er zumindest zu einem gewissen Teil den Sinn des Prozesses erkennt und den Widerstand dagegen aufgibt. Doch führt der Prozess zu keiner vollständigen Aufdeckung, Kafka lässt den Leser wie im Theater »auf der Ebene des Scheins«[4].

Wiederholung bekannter Motive. Im Verlauf des Kapitels wiederholen sich bereits bekannte Motive, die die Rückbindung an das 1. Kapitel evozieren. Erneut kommen unangekündigt »[a]m Vorabend seines 31. Geburtstages [...] zwei Herren in K.s Wohnung.« (206,2–4). K. meint nun, das Spiel des Prozesses zu durchschauen, dass alles lediglich Theater sei, so auch diese beiden Männer: »Alte untergeordnete Schauspieler schickt man um mich« (206,23 f.). Das erinnert an »die Zuschauer in den gegenüberliegenden Fenstern«[5] des Anfangs. Auf dem Weg zu seiner Richtstätte »stieg vor ihnen aus einer tiefer gelegenen Gasse auf einer kleinen Treppe Fräulein Bürstner zum Platz empor« (207,35 f.), die K.s Verhältnis zu den Frauengestalten sowie sein Verhör in Fräulein Bürstners Büro im Leser wachruft. Zugleich scheint diese junge Frau in dieser Situation eine »Mahnung« (208,12 f.) für ihn darzustellen, seinen Widerstand aufzugeben. Die Frau kann hier als Hinweis auf die Akzeptanz des Prozesses, eventuell auch den erfolgreichen Zugang zum Unbewussten stehen, oder aber »[e]s ist die Mahnung an sein Geheimnis und die nie ausgesprochene Schuld. Sie ist unabhängig vom Gericht, das sich ihm entzogen, sie ist unabhängig von der Anklage, die er nie in Erfahrung gebracht hat. Doch sie bestärkt ihn in der Aufgabe jener Abwehr auf seinem letzten Gang.«[6]

Rückschau und Akzeptanz des Schicksals durch Josef K. Im Zwiegespräch erklärt Josef K. seine Wandlung innerhalb der einjährigen Prozessdauer: »Soll man mir nachsagen dürfen, dass ich am Anfang des Prozesses ihn beenden und jetzt an seinem Ende ihn wieder beginnen will. Ich will nicht, dass man das sagt.« (208,21–24) Für K. schließt sich somit ein Kreis – er akzeptiert das Unveränderliche und die Entwicklung. »Der Prozeß erweist sich damit als eine Selbstbegegnung. Seine Lehre ist die Einsicht in die Hybris nicht zu billigender Ansprüche und des damit verbundenen Gefühls der Unschuld – erst der Gewinn einer Außensicht zerstört diese Chimäre, und eben das ist der Prozeß.«[7] K. möchte, dass seine Wandlung zur Einsicht auch nach außen deutlich wird. Er hat nun begriffen und muss deshalb sein altes Leben lassen, um ein neues beginnen zu können. »Kafka fordert also eine freiwillige Selbstzerstörung. Man muss sterben, aber nicht einen physischen Tod. [...] Man muss

1 Andreas B. Kilcher, *Franz Kafka*, Frankfurt a. M. 2008, S. 100.
2 Klaus Hermsdorf, »Schuld und Schuldbewußtsein in Franz Kafkas *Der Proceß*«, in: Hans Dieter Zimmermann (Hrsg.), *Nach erneuter Lektüre. Franz Kafkas »Der Proceß«*, Würzburg 1992, S. 230.
3 Ebd.
4 Klaus-Detlef Müller, *Franz Kafka. Romane*, Berlin 2007, S. 70.
5 Ebd., S. 98.
6 Elias Canetti, *Der andere Prozeß. Kafkas Briefe an Felice*, München 1969, S. 76.
7 Müller (Anm. 4), S. 98.

vielmehr einen spirituellen Tod auf sich nehmen; die einzige Entwicklung, die Kafka in der Geschichte der Menschheit sieht, ist die Entwicklung dieser spirituellen Kraft«.[8]

Egal welche Deutung man betrachtet, die Annahme des Schicksals ist die einzige Möglichkeit des Weitergehens, weil ein Kampf dagegen nicht gewonnen werden kann. So wäre es auch, wenn das Gericht für Gott stünde oder den »idealen Machtapparat«[9]. Auch hier kann also das Gericht in verschiedener Weise interpretiert werden. Mit seiner neugewonnenen Einsicht geht K. – auch nachdem das Fräulein abgebogen ist – »in vollem Einverständnis« (208,30 f.) mit den beiden »halbstummen verständnislosen Herren« (208,25 f.) über »eine Brücke im Mondschein« (208,31).

Symbolik und Motivik des Sterbens von K. Die Brücke kann als Symbol für den Übergang, der in der Zeichenhaftigkeit des Unbewussten, des Traumes und daher der Nacht erfolgt, gedeutet werden. Einem Polizisten, der sie aufzuhalten droht – hier ein Beweis, dass das Gericht nicht den weltlichen Gesetzen folgt –, entgeht »die nicht ganz unverdächtige Gruppe« (209,10 f.), weil K. »mit Macht die Herren vorwärts« (209,12 f.) zieht. Er möchte nun den Wandel, will nicht mehr aufgehalten werden, ja, er beginnt in der Folge »zu laufen«, so dass seine Vollstrecker ihm in »großer Atemnot« (209,15 f.) kaum folgen können. »Er ist es selbst, der das Ende sucht«[10] und damit einen eventuellen Neubeginn. In einem Steinbruch hält die Gruppe an. Die Atmosphäre ist fast romantisch zu nennen: »Überall lag der Mondschein mit seiner Natürlichkeit und Ruhe, die keinem andern Licht gegeben ist.« (209,26 f.) Josef K. wird eines Teils seiner weltlichen Kleidung entledigt – »Die teilweise Entkleidung Josef K.s [...] ist deutlich einmal als partielles Abstreifen seiner bisherigen Existenz und ferner als Zeichen des sich anbahnenden Übergangs zu einer neuen, niedrigeren, wohl auch ›unschuldigeren‹ Daseinsform«[11] – und mit dem Kopf auf einen Stein gebettet. »Trotz aller Anstrengung, die sie sich gaben, und trotz alles Entgegenkommens, das ihnen K. bewies, blieb seine Haltung eine sehr gezwungene und unglaubwürdige.« (210,6–9) K. hat letztlich also wohl doch nicht vollständig die Erkenntnis über seine Schuld und den Sinn des Prozesses erlangt, sondern fügt sich eher aus Hilflosigkeit oder mangelndem besseren Wissen den Gegebenheiten, was auch die folgende Anspielung auf das Schlachten von Tieren zeigen könnte. Die Wächter reichen sich über K. hinweg nämlich ein langes Fleischermesser zu. Das ist eine Anspielung auf die biblische Szene, als Abraham seinen einzigen Sohn Isaak auf einem Berg opfern sollte (1. Mose 22). Sie ruft wieder das Vater-Sohn-Motiv auf oder aber ist eine Anspielung auf das manchmal unverständliche Eingreifen höherer Mächte, da er »wie ein Schuldiger zum Opferaltar gebracht und mit seinem Einverständnis umgebracht wird«[12]. »K. wusste jetzt genau, dass es seine Pflicht gewesen wäre, das Messer, als es von Hand zu Hand über ihm schwebte, selbst zu fassen und sich einzubohren.« (210,19–22) Doch will er die Verantwortung des letzten Schrittes nicht übernehmen, »die Verantwortung für diesen letzten Fehler trug der, der ihm den Rest der dazu nötigen Kraft versagt hatte« (210,24–26). Hier werden möglicherweise auch eigene biografische Erfahrungen aufgerufen, die Kafkas inneren Zwiespalt beinhalten.[13] Ein in der Ferne sichtbarer Mensch wird kurzfristig eingeblendet als Möglichkeit einer letzten Hilfestellung, von letzten Einwänden. »Gewiss gab es solche. Die Logik ist zwar unerschütterlich, aber einem Menschen der leben will, widersteht sie nicht.« (210,34–36) Der Verstand ist in der Tat stets präsent, doch für ein intensives Leben ist es manchmal erforderlich, diesen auszuschalten und hinabzusteigen in die ›Unterwelt‹, also die Gefühlswelt, ins Unbewusste und die Ratio zu ignorieren. Noch in seine Gedanken hinein legt ihm einer der Herren die Hände an den Hals – Symbol für die Verbindung des Herzens zum Kopf – »während der andere das Messer ihm ins Herz stieß und zweimal dort drehte« (211,4 f.). Seine letzten Worte sind »Wie ein Hund!« (211,7). K. stirbt also wie ein Tier, das keine Beerdigung erhält, ganz allein und unehrenhaft. Das Wort »Hund« erinnert an den Kaufmann Block, der sich vor dem Advokaten wie ein Hund erniedrigt. Auch K. geht zwar seinen Prozess bis zum Ende, es bleibt aber angesichts dieses Endes fraglich, ob er seinen Lernprozess abschließen konnte oder im Zweifel und der Unsicherheit gefangen blieb.

Der Schluss des Romans besteht aus dem Satz: »es war, als sollte die Scham ihn überleben.« (211,8) »Der Textzusammenhang lässt uns nicht einfach annehmen, dass K. nur darüber Scham empfindet, dass er nicht die Stärke gehabt hat, sich selbst hinzurichten. Die Scham steht scheinbar im Zusammenhang mit einer Schuld, die das Gericht angezogen hat, einer Tat oder Unterlassung, die diese Hinrichtung selbst als

8 Ritchie Robertson, *Franz Kafka. Leben und Schreiben*, aus dem Engl. von Josef Billen, Darmstadt 2009, S. 154.

9 Karol Sauerland, »Der ideale Machtapparat und das Individuum«, in: Hans Dieter Zimmermann (Hrsg.), *Nach erneuter Lektüre. Franz Kafkas »Der Proceß«*, Würzburg 1992, S. 250.

10 Ralf R. Nicolai, *Kafkas »Prozess«. Motive und Gestalten*, Würzburg 1986, S. 254.

11 Ebd., S. 254 f.

12 Wilhelm Große, *Lektüreschlüssel. Franz Kafka: »Der Proceß«*, Stuttgart 2011 [u. ö.], S. 48.

13 Vgl. Nicolai (Anm. 10), S. 258.

Strafe notwendig gemacht hat. Erst in einem solchen Zusammenhang von Pflicht und Pflichtverletzung, von Schuld und Schuldbewusstsein, wird das Wort ›Scham‹ sinnvoll.«[14] Die Scham bleibt also am Ende: Sie »überlebt nicht nur die Schuld, sie überlebt gewissermaßen auch K.«[15] Über was K. sich schämte, sei es über den Verlust seiner gewohnten Ordnung und seines Perfektionsstrebens, den Zugang zur Welt des Schmutzes auf Seiten des Gerichtes oder über seine fehlende Erkenntnis oder etwas anderes, bleibt aber im Dunkeln.

Der Leser soll sich Gedanken machen und weiterrätseln. Der Kriminalfall wird nicht vom Autor geklärt, sondern muss zeitlebens selbst entschlüsselt werden – mit wahrscheinlich stets neuen Erkenntnissen.

14 Anette Horn / Peter Horn, *In einer fenster- und türlosen Zelle. Die Romane Franz Kafkas*, Oberhausen 2015, S. 216.

15 Hans Dieter Zimmermann (Hrsg.), *Kafka für Fortgeschrittene*, München 2004, S. 127.

Unterrichtsverlauf

Überblick. Die Schülerinnen und Schüler rekapitulieren Motive und Symbolik des 10. und letzten Kapitels und erfahren im erneuten Durchgang durch das Romanfragment im hermeneutischen Zirkel ihren eigenen Erkenntnisprozess. ! **Verkürzter Verlauf: 12.1 – 12.2 – 12.3 – 12.5**

Phase	Thema	Sozialform	Kompetenzen und Lernziele	Materialien
Voraussetzungen: Textkenntnis des gesamten Romanfragments				
12.1	Einstieg: Bild zu Kafkas Grabmal	UG	• Vermutungen zur Grabinschrift anstellen • Die Themen Tod und Lebensrückblick ins Bewusstsein rufen • Kafkas Leben rekapitulieren	VORLAGE 12a ➤ S. 97
12.2	Motive und Symbolik des Kapitels	EA / UG	• Motive und Symbole verstehen • Geeignete Textstellen zuordnen	VORLAGE 12b ➤ S. 98
12.3	Grabinschrift für Josef K.	PA / UG	• Quintessenz des Lebens von K. formulieren • Die Botschaft des Romanfragments erarbeiten	
12.4 **fakultativ**	Rede zum Totengedenken	GA / UG	• Das Romanfragment rekapitulieren • Das Verständnis der Figur des Josef K. vertiefen	ARBEITSBLATT 12a ➤ S. 100
12.5	Verstehensprozess im hermeneutischen Zirkel	EA / GA / UG	• Den hermeneutischen Zirkel kennen • Den eigenen Erkenntnisprozess sehen	ARBEITSBLATT 12b ➤ S. 101 f
12.6 **fakultativ**	Podcast: Individuelle Deutung	GA	• Motive des Romanfragments vertiefen • Eigene Deutung begründen	
HA	Wiederholendes Lesen der sechs Fragmente			*Der Process*, Reclam XL, S. 215–243

12.1 Einstieg: Bild zu Kafkas Grabmal

UG

VORLAGE 12a
➤ S. 97

Unterrichtsschritt. Die Schülerinnen und Schüler sehen als stummen Impuls das Grabmal von Franz Kafka (VORLAGE 12a ***Kafkas Grabmal***) und sammeln, welche Informationen man ihm entnehmen kann. Die Übersetzung der Inschrift wird vorgelesen und in das Gespräch einbezogen.

Erläuterungen. Das Betrachten des Grabsteins von Kafka sowie die Überlegungen zu dessen Grabinschrift stellen einen Bezug zu Kafkas Leben her. So wird sowohl dessen Biografie aufgerufen als auch ein Gedankenanstoß ge-

VORLAGE 12a

Kafkas Grabmal

Kafkas Grabmal auf dem Neuen jüdischen Friedhof in Prag-Žižkov. – CC BY-SA 3.0 / Wikimedia/Nightwish62 (Ausschnitt)

Kafkas Grabinschrift – Übersetzung und Erläuterung:

»Am Dienstag, den N[eumond]t[ag] des Siwan [= 1. Siwan] des Jahres 400+200+80+4 [[5]684 = 1924] n[ach der] k[leinen] Z[eitrechung]
E[s ging in] s[eine Welt] der unverheiratete Mann, der Prächtige, der Wunderbare, u[nser] L[ehrer] u[nd Meister] Anschel, a[uf ihm sei der] F[riede]; der Sohn des hochverehrten e[hrbaren] H[errn] Henoch Kafka, sein Licht möge leuchten. Der Name seiner Mutter ist Jettl.
S[eine] S[eele] m[öge eingebunden sein] i[m Bund] d[es Lebens]

Die Grabinschrift Franz Kafkas folgt im Grunde dem in dieser Zeit üblichen Formular hebräischer Inschriften. Sie besticht in ihrer Redundanzlosigkeit.

Es fehlt die seit dem späten Mittelalter übliche Einleitungsformel ›Hier liegt begraben / hier ist geborgen‹.

Datum: Statt einer fakultativen Einleitung am Beginn der Inschrift genannt, wird – wie in hebräischen Grabinschriften meist üblich – der 1. Siwan (im Jahr 1924 der 3. Juni) nicht als solcher, sondern als Neumondtag des Monats Siwan beschrieben.

Das Sterben wird mit der euphemistischen Formulierung ›Er ging in seine Welt‹ umschrieben.

Name des Verstorbenen: Ebenfalls typisch für die hebräische Inschrift wird ausschließlich der jüdische Name Franz Kafkas genannt: Anschel. Bei aller Knappheit wird jedoch darauf hingewiesen, dass Kafka unverheiratet war. Ebenso findet sich die Titulatur eines MORENU (›unser Lehrer‹). Damit werden gewöhnlich nur in der jüdischen Tradition besonders gelehrte Personen ausgezeichnet. Der langjährige Bibliothekar der Israelitischen Kultusgemeinde Wien, Dr. Bernhard Wachstein (1868–1935), bezeichnet die MORENU-Titulatur als ›synagogaler Doktortitel‹. Dem Vornamen nachgestellt ist der Segenswunsch für Verstorbene: ›auf ihm sei der Friede‹.

Name des Vaters: Auch der Vater wird nur mit seinem jüdischen Namen, Henoch, genannt. Der dem Namen nachgestellte Segenswunsch ›sein Licht möge leuchten‹ weist darauf hin, dass der Vater zum Zeitpunkt des Ablebens seines Sohnes noch am Leben war.

Name der Mutter: Dieser wird am Schluss in einer in vielen Regionen üblichen und (biblischen) Formel genannt (›Der Name der Mutter war …‹). Typischerweise fehlt bei dieser Formel der Segenswunsch, also ein Hinweis, ob die Mutter noch am Leben war.

Auffällig, wenn auch angesichts der kurz gehaltenen Inschrift nicht verwunderlich ist, dass ein Lobteil, die Eulogie, oft sehr lange und gelehrte Texte über das Leben des Verstorbenen, völlig fehlt.

Dagegen nicht fakultativ und auch in Kafkas Grabinschrift zu finden ist der jahrhundertealte, die Inschrift beschließende Segenswunsch, die sogenannte Schlusseulogie ›Seine Seele möge eingebunden sein im Bund des Lebens‹ (angelehnt an 1. Buch Samuel 25,29).«

Johannes Reiss: Kafkas Grabinschrift. In: www.franzkafka.de/fundstuecke/kafkas-grabinschrift (7. 8. 2024).

geben, sich mit den Themen Tod und Lebensrückblick auseinanderzusetzen. Ebenso erfolgt bereits eine Abrundung der gesamten Unterrichtseinheit, die in der 1. Unterrichtsstunde mit biografischen Aspekten Kafkas begonnen hatte.

12.2 Motive und Symbolik des Kapitels

EA / UG

VORLAGE 12b

➤ S. 98

Unterrichtsschritt. Bevor die Schülerinnen und Schüler die Quintessenz von Josef K.s Leben in einer Grabinschrift komprimiert zusammenfassen, ist es erforderlich, dass sie die Motive und Symbolik des Kapitels eruieren. Dies soll anhand der Arbeitsaufträge auf VORLAGE 12b ***Das Schlusskapitel von Kafkas »Process«*** zunächst in Einzelarbeit erfolgen und wird anschließend im Plenum besprochen.

Erläuterungen. Motive und Symbole im letzten Kapitel greifen bereits Bekanntes auf. Hierdurch wird das erarbeitete Vorwissen wiederholt und durch die Textstellenzuordnung und das Finden von sinnvoll begründeten Interpretationen vertieft. Außerdem ist es eine Vorarbeit für die Entwicklung einer Grabinschrift, in der wesentliche Erkenntnisse auf einen Satz heruntergebrochen werden sollen (Unterrichtsschritt 12.3).

VORLAGE 12b

Das Schlusskapitel von Kafkas *Process*

- Welche bekannten Motive des Romanfragments finden sich im letzten Kapitel »Ende« (Reclam XL, S. 206–211) wieder?
- Welche Symbole erkennen Sie im vorliegenden Kapitel? Wofür können diese stehen?
- Können Sie eine Entwicklung von Josef K. feststellen? Wenn ja, welche?

Belegen Sie Ihre Aussagen stets mit mindestens einer geeigneten Textstelle.

12.3 Grabinschrift für Josef K.

PA / UG

Unterrichtsschritt. Die Schülerinnen und Schüler entwerfen in Partnerarbeit eine Grabinschrift für Josef K., die dessen Leben und seine Suche in einem knappen Satz zusammenfasst. Die Ergebnisse werden im Plenum präsentiert und diskutiert.

Erläuterungen. Das Entwickeln einer Grabinschrift verlangt von den Schülerinnen und Schülern nicht nur, die Quintessenz des Lebens von Josef K., die im gesamten Romanfragment, aber auch im letzten Kapitel zum Ausdruck kommt, auf einen Satz herunterzubrechen, sondern ermöglicht ihnen in der Rückschau auf dessen Leben die Ableitung einer Botschaft, die letztlich eine (individuelle aber begründete) Deutung des Romanfragments beinhaltet.

12.4 Rede zum Totengedenken (fakultativ)

GA / UG

ARBEITSBLATT 12a

➤ S. 100

Unterrichtsschritt. Die Schülerinnen und Schüler formulieren eine kurze Trauerrede für Josef K. Darin sollen sein Leben und besonders sein letztes Jahr gewürdigt werden. Dafür lesen sie sich zunächst ARBEITSBLATT 12a ***Grab- oder Trauerrede*** durch und erarbeiten in Kleingruppen die Rede. Im Anschluss stellen einzelne Schülergruppen ihre Arbeitsergebnisse der Klasse vor.

Erläuterungen. Durch das Erstellen einer Trauer- oder Grabrede rekapitulieren die Schülerinnen und Schüler das gesamte Romanfragment. Sie gehen bei der Trauerrede sowohl auf die Figur des Josef K. als auch auf seinen Tod, »seine Sphäre« und seine Erlebnisse innerhalb des Prozessjahres ein. Damit werden wesentliche Themen und Motive des Romanfragments wiederholt. Gleichzeitig lernen die Schülerinnen und Schüler eine wichtige Textsorte kennen und erleben damit erneut einen Bezug zu kompetenzbasierter Literaturerfahrung. Das Besprechen in der Gruppe fördert das Diskutieren über einzelne Aspekte, die für die Deutung des Romanfragments und das Einbringen in die Trauerrede relevant sind.

12.5 Verstehensprozess im hermeneutischen Zirkel

EA / GA / UG

Unterrichtsschritt. Die Schülerinnen und Schüler lernen mit ARBEITSBLATT 12b ***Der hermeneutische Zirkel*** zunächst die Beschreibung eines jeden Verstehensprozesses als hermeneutischen Zirkel kennen und durchlaufen diesen anschließend in Einzelarbeit für Kafkas *Process*. Dabei erinnern sie sich zunächst an ihre Eindrücke nach der Erstlektüre und notieren im Anschluss die Eindrücke zu jedem einzelnen Kapitel, bis sie diese im letzten Schritt nach der Bearbeitung der gesamten Unterrichtseinheit zusammenfassen. Die individuellen Verstehensentwicklungen können im Anschluss in Kleingruppen oder im Plenum besprochen werden.

ARBEITSBLATT 12b ➤ S. 101 f.

Erläuterungen. Das bewusste Durchlaufen des hermeneutischen Zirkels beleuchtet rückblickend den eigenen Prozess von Verstehen und Wissensentwicklung. Da dieser individuell verschieden ist, sollte die Zirkelarbeit auch alleine gemacht werden. Interessant ist jedoch danach ein Abgleich mit anderen Schülerinnen und Schülern. Eine Erinnerungshilfe bieten der XL-Band sowie die Arbeitsblätter und Tafelbilder.

12.6 Podcast: Individuelle Deutung (fakultativ)

GA

Unterrichtsschritt. Die Schülerinnen und Schüler befragen sich für den Podcast gegenseitig darüber, welches Motiv in der Interpretation des Romanfragments ihnen am nachhaltigsten in Erinnerung geblieben ist, welches sie eventuell hinzufügen würden sowie welches sie am schlüssigsten für die Deutung finden, und begründen jeweils ihre Meinung. Falls Zeit ist, werden auch Schülerinnen oder Schüler außerhalb der eigenen Gruppe befragt.

Hausaufgabe

In häuslicher Lektüre lesen wiederholend die Schülerinnen und Schüler die sechs Fragmente aus *Der Process*, Reclam XL, S. 215–243.

Grab- oder Trauerrede

Bei der Beisetzung von Verstorbenen wird eine Grab- oder Trauerrede gehalten. Hierbei wird wichtiger Lebensstationen des Verstorbenen und an seine Persönlichkeit gedacht. Dadurch erinnert man sich gemeinsam mit der Trauergemeinschaft an den Toten und bestimmte Erlebnisse mit ihm oder ihr, und man erweist ihnen die letzte Ehre. Meist wird die Trauerrede von einem Angehörigen, einer Freundin oder einem religiösen oder weltlichen Trauerredner gehalten. Die Trauerrede ist ein wichtiges Element der Trauerbewältigung.

Für den Aufbau einer Trauerrede bietet es sich an, eine gewisse Struktur einzuhalten, um den Zuhörerinnen und Zuhörern das Folgen zu erleichtern.

Zum Einstieg kann die Beziehung des Trauerredners zum Toten erläutert werden. Auch die Bedeutung des Todes des Verstorbenen für den Redner und die eigenen Gefühle angesichts des Todes können hervorgehoben werden.

Hintergründe zur Todesart können überleiten zum wichtigsten Teil der Grabrede, nämlich den Erinnerungen an den Toten und seine Lebensgeschichte. Hierbei können in einem ersten Punkt der Charakter und die Art des Verstorbenen Eingang in die Rede finden. Dazu gehören neben wichtigen Eigenschaften auch Rituale oder Eigentümlichkeiten oder ob der Verstorbene Vorbild in ausgewählten Bereichen und für bestimmte Personen war. Darüber hinaus können seine Beziehung zur Familie und innerhalb seines sozialen Umfeldes, seine beruflichen Stationen sowie Schwierigkeiten, die er im Leben hatte, besprochen werden. Daneben sollten Dinge und Personen im Vordergrund stehen, die für den Verstorbenen von Bedeutung waren, die er sehr mochte. Auch kleine Anekdoten über bestimmte Erlebnisse mit dem Verstorbenen können mit der Trauergemeinde geteilt werden.

In einem weiteren Punkt geht es um das »Weiterwirken« des Toten in der Trauergemeinschaft, die immateriellen Hinterlassenschaften, also Werte oder Wissen, das von ihm bleibt. Vielleicht gibt es ein Lebenswerk, das weitergeführt werden möchte.

Am Ende der Trauerrede kann ein Dank ausgesprochen werden für die gemeinsame Zeit und vielleicht für das von dem Verstorbenen Gelernte, und schließlich kann die Trauergemeinschaft aufgerufen werden, die Erinnerung an ihn oder sie zu ehren. Gegebenenfalls wird in einer Schweigeminute des Toten gedacht.

Zusätzlich kann die Trauerrede durch Gedichte, Lebensweisheiten, Zitate des Verstorbenen oder von bekannten Persönlichkeiten oder Auszüge aus einer religiösen Schrift ergänzt werden.

Insgesamt sollte die Trauerrede maximal 10 bis 15 Minuten dauern.

Der hermeneutische Zirkel

Arbeitsaufträge:

1. Erarbeiten Sie sich mit Hilfe der folgenden Definitionen (1.) ein Verständnis davon, was »Hermeneutik« und »hermeneutischer Zirkel« bedeutet.
2. Verfolgen Sie Ihren eigenen hermeneutischen Zirkel im Rückblick auf Ihre Lektüre von Kafkas *Process*, indem Sie die einzelnen Felder der Grafik (2.) mit Ihren Eindrücken, Motiven und Deutungen aus dem Romanfragment ausfüllen, die Ihnen nach der Lektüre im Kopf geblieben sind.

1. Hermeneutik, hermeneutischer Zirkel – was ist das?

Hermeneutik (altgriech. *hermeneúein*: ›aussagen, auslegen, erklären, übersetzen‹). Die Hermeneutik ist die Lehre von der Auslegung und Interpretation von Sinnzusammenhängen in mündlichen und schriftlichen Texten und damit deren Verstehen. Ihren Ursprung hat sie in der Antike.

Hermeneutischer Zirkel. Grundannahme dieser Lehre vom Verstehen ist die Beobachtung, dass das Verstehen oder die Deutung von Texten immer vom eigenen Vorwissen und eigenen Erfahrungen, dem schon Vertrauten, ausgeht: Es gibt immer ein – ungenaues – Vorverständnis. Der Verstehensprozess kann sich daher der gemeinten Aussage des Textes lediglich annähern.

Die Annäherung und damit das Verstehen erfolgen spiralförmig. Das bedeutet, dass im Verstehensprozess in kreisförmigen (daher Zirkel) Bewegungen eine Angleichung des Vorverständnisses von Leserinnen und Lesern (dem Vertrauten) und dem tatsächlich im Text Dargestellten (dem Fremden) versucht wird, die jedoch für gewöhnlich niemals zu einem Abschluss kommt.

So werden vom Leser oder der Leserin immer bereits vor der Lektüre »Vorurteile« über den Text gebildet, die sich durch die schrittweise Lektüre und Analyse des Textes bestätigen oder die verworfen werden. Durch diese Vorgehensweise erfolgt eine Weiterentwicklung des Textverständnisses in stets neuer Hinsicht. Beispielsweise macht es einen Unterschied, ob ein Text im Alter von 20 oder 50 Jahren gelesen wird, weil die im Leben gemachten Erfahrungen deutlich differieren und somit der Text mit unterschiedlichen »Vorurteilen« gelesen wird.

In verschiedenen Stadien erfolgt damit im hermeneutischen Zirkel stetig eine Weiterentwicklung des Lesers bzw. der Leserin und damit eine größere Annäherung an die Aussagen des Textes. Der Philosoph Hans-Georg Gadamer hat diese Annäherung (in seinem grundlegenden Werk *Wahrheit und Methode* von 1960) mit dem Begriff »Horizontverschmelzung« beschrieben: Der eigene, begrenzte Horizont des Verstehens erweitert sich stetig und nähert sich dem des Textes an. »Verschmelzung« verweist aber darauf, dass die ›eigenen‹ Annahmen und Erfahrungen immer Bestandteil des Verstehensprozesses bleiben, verschiedene Leserinnen und Leser also auch unterschiedliche Verständnisse entwickeln.

Gleichzeitig verweist der hermeneutische Zirkel darauf, dass das Textganze nur verstanden werden kann, wenn dessen Einzelteile verstanden werden, und dass Einzelelemente durch das Wissen um das Textganze besser verstanden werden können. Das bedeutet, dass nach der Lektüre und Analyse jedes neuen Kapitels neue Erfahrungen (Horizonterweiterungen) hinzukommen, die die Deutung des bisher Gelesenen ergänzen oder verändern. Und es bedeutet, dass sich nach dem Lesen des gesamten Werks die Bedeutung der Einzelkapitel im Lichte des Ganzen noch einmal verändert und an den neuen Horizont adaptiert wird.

2. Hermeneutischer Zirkel: Kafkas *Process*

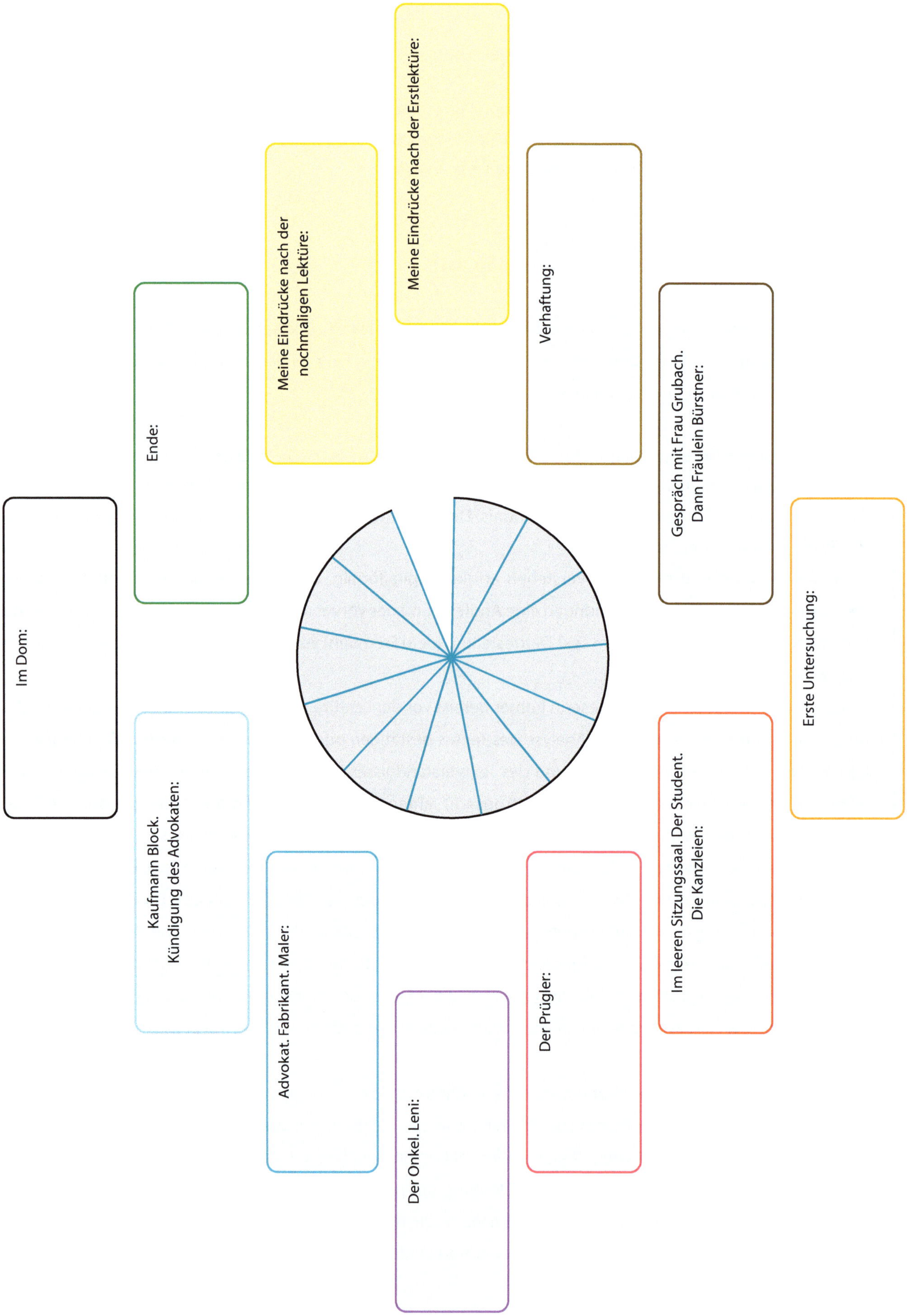

13 Die Fragmente in das Werk einordnen (fakultativ)

Sachanalyse

Anhand des Trailers zur Verfilmung des Romanfragments kann eine Einordnung der sechs Fragmente (Reclam XL, S. 215–243) in das Textganze versucht und zugleich der Inhalt rekapituliert werden.

Moderne Deutung des Romanfragments in der Verfilmung. Die Verfilmung des *Process* – eine französisch-deutsch-italienische Koproduktion – durch Orson Welles erlebte Ende 1962 die Uraufführung in Paris. Der Film muss dabei als eigenes, vom Roman unabhängiges Kunstwerk betrachtet werden, u.a., da zwischen der Entstehung der beiden Werke zwei Weltkriege liegen und allein dadurch ganz spezielle Deutungsimpulse bei Welles vorliegen: »Bei Welles weist die Umgestaltung der Hinrichtungsszene auf den Unterschied zwischen den drohenden Archaisierungspotentialen des modernen Staates zu Beginn des Ersten und der furchtbaren Gewissheit nach dem Ende des Zweiten Weltkrieges hin. Während der Roman noch darauf abstellt, die humane bzw. zivilisatorische Schwelle zum Mord als Illusion zu erweisen, verdeutlicht der Film, dass diese Problematik durch die technische Anonymisierung des Mordes schon überholt ist. Die beiden Schergen töten K. erst, nachdem sie ihn allein gelassen haben, durch den Abwurf einer Sprengstoffladung.«[1] Hinzu kommen weitere Anpassungen an die Moderne durch die Darstellung der Macht der Computer und des Überwachungsstaates. »Welles hat sich die Freiheit genommen, den Romantext zu verändern, wo er sich seiner Interpretation entgegenstellte. Er deutet den Text in erster Linie als politisches Werk, in dem der Untergang eines Einzelnen beschrieben werde, dessen ›Schuld‹ darin bestehe, daß er sich einem gesellschaftlichen System anpasse und nur – quasi pro forma – einige halbherzige Versuche der Rebellion gegen die Gesellschaft unternehme.«[2] Insofern fließen in den Film v.a. Hinweise auf »die Menschenfeindlichkeit der technisierten Moderne«[3] ein. Ferner zu erwähnen sind Typika, die mit den beiden verschiedenen Medienarten einhergehen. Im Film werden die auch im Roman vorhandenen besonderen Licht- und Raumverhältnisse extrem überzeichnet durch krasse Montagen, die im Roman bereits durch die Erzähltechnik Kafkas anklingen. Mit extremen Schnitten gestaltet ist auch der Trailer des Films, der die verschiedenen Episoden des Romanfragments in anderer Reihenfolge anordnet.

Einordnung der Fragmente. Die Reihenfolge der Kapitel des Romanfragments ist ohnehin nicht abgeschlossen beantwortet. Zwar ist v.a. durch die Untersuchungen von Malcolm Pasley[4] klar, dass Kafka zunächst das Anfangs- und Schlusskapitel entwarf,[5] aber die Anordnung der weiteren Kapitel ist nicht gesichert. Sie entstanden wohl nicht in chronologischer Reihenfolge. »Im Laufe der Arbeit scheint Kafka die abgeschlossenen oder kurz vor dem Abschluß stehenden Textteile in Konvolute gelegt und auf deren Deckblättern Stichworte notiert zu haben«.[6] Diese kann man als Überschriften oder kurze Inhaltsstichworte verstehen. »Andere Textteile wurden nur in Einschlagblätter gelegt [...]. Im letzteren Fall scheint es sich um Kapitel zu handeln, die Kafka für unfertig und vielleicht für mißglückt hielt.«[7] Insofern ist nicht bekannt, inwieweit die vorliegende Reihenfolge genau die von Kafka vorgesehene ist, ebenso wenig, wie und ob er die Fragmente in den Roman eingeordnet hätte. Innerhalb der Fragmente werden z.T. für eine Deutung durchaus wichtige Informationen gegeben, z.B. K.s Freundschaft mit Staatsanwalt Hasterer, die Zusammensetzung seines Stammtisches oder Hintergründe über K.s Beziehung zu seiner Mutter.[8] Wenngleich das Romanfragment auch ohne die Fragmente verständlich ist, vertieft deren Untersuchung verschiedene Aspekte.

1 Benno Wagner, »Franz Kafka (Orson Welles: *The Trial* – Steven Soderbergh: *Kafka*)«, in: Anne Bohnenkamp / Tilman Lang (Hrsg.): *Interpretationen. Literaturverfilmungen*, Stuttgart 2012, S. 189.

2 Michael Müller, *Erläuterungen und Dokumente. Franz Kafka: »Der Proceß«*, Stuttgart 1996 [u.ö.], S. 199.

3 Andreas B. Kilcher, *Franz Kafka*, Frankfurt a.M. 2008, S. 133.

4 Vgl. dazu Malcolm Pasley (Hrsg.), *Der Proceß. Apparatband*, Frankfurt a.M. 1990, S. 124–129.

5 Vgl. Ritchie Robertson, »*Der Proceß*«, in: Michael Müller (Hrsg.), *Interpretationen. Franz Kafka: Romane und Erzählungen*, Stuttgart 2003, S. 99.

6 Robertson (Anm. 5), S. 100.

7 Ebd.

8 Vgl. ebd., S. 100f.

Unterrichtsverlauf

Überblick. Die Schülerinnen und Schüler erarbeiten sich eine mögliche Einordnung der Fragmente ins Romanfragment nach einer Kurzwiederholung der einzelnen Kapitel im Filmtrailer. Ziel ist daneben auch eine strukturierte Gesamtübersicht über den Text. ! **Verkürzter Verlauf: 13.1 – 13.2 – 13.3 – 13.4**

Phase	Thema	Sozialform	Kompetenzen und Lernziele	Materialien
Voraussetzungen: Textkenntnis des gesamten Romanfragments inklusive der Fragmente				
13.1	Einstieg: Trailer zu Orson Welles' *Prozeß*	UG	• Vorwissen und Filmadaption verknüpfen	
13.2	Kapitelreihenfolge und Trailerabfolge	EA / UG	• Die Kapitel entsprechend der Trailerreihenfolge sortieren • Wissen über den Romaninhalt übertragen	
13.3	Einordnung der Fragmente	GA / UG	• Die Möglichkeiten der Einordnung der Romanfragmente diskutieren • Den Inhalt des Romanfragments vertiefen	ARBEITSBLATT 13 ➤ S. 106
13.4	Überlegungen zu einer eigenen Verfilmung	GA / UG	• Das Romanfragment auf heute übertragen • Kritische und aktuelle Deutungsansätze entwickeln	
13.5 **fakultativ**	Resümee im Podcast	GA	• Den Inhalt des Romanfragments zusammenfassen • Die Leserelevanz begründen	*Der Process*, Reclam XL

13.1 Einstieg: Trailer zu Orson Welles' *Prozeß*

UG

Internetzugang

Unterrichtsschritt. Die Schülerinnen und Schüler sehen einführend den Trailer zu Orson Welles' Film *Prozeß* (www.youtube.com/watch?v=m5y_b7tqg5w, 3:48 min) und tauschen sich über die ersten Eindrücke aus. Bereits hier kann die Reihenfolge der Szenen im Vergleich zu den Buchkapiteln angesprochen werden.

13.2 Kapitelreihenfolge und Trailerabfolge

EA / UG

Internetzugang

Unterrichtsschritt. In einem zweiten Schritt ordnen die Schülerinnen und Schüler bei nochmaliger Betrachtung des Trailers die Reihenfolge der Kapitel aus dem Romanfragment der Reihenfolge im Trailer zu. Dies geschieht zunächst in Einzelarbeit und wird anschließend im Plenum besprochen. Eventuell ist es erforderlich, dafür den Trailer mehrmals zu betrachten. Abschließend werden die Filmsequenzen identifiziert, die sich nicht zuordnen lassen.

Erläuterungen. Die Neuzuordnung der Kapitel auf den Trailer verankert durch Wiederholung noch einmal die Textkenntnis und führt gleichzeitig ein in die Thematik der Fragmenteeinordnung in das Romanfragment.

Lösungsvorschlag zur Reihenfolge der Kapitel im Trailer:

1. Ende [≙ im Romanfragment: 10. Kapitel, Reclam XL, S. 206–211]
2. Verhaftung [≙ 1. Kapitel, S. 7–21]
3. Advokat (Fabrikant. Maler) (≙ 7. Kapitel, S. 102–117)
4. Im leeren Sitzungssaal (Der Student. Die Kanzleien) [≙ 4. Kapitel, S. 51–57]
5. (Im leeren Sitzungssaal) Der Student (Die Kanzleien) [≙ 4. Kapitel, S. 57–60]
6. (Der Onkel) Leni [≙ 6. Kapitel, S. 96–101]
7. Der Onkel (Leni) [≙ 6. Kapitel, S. 82–96]
8. Kaufmann Block. Kündigung des Advokaten [≙ 8. Kapitel, S. 152–181]
9. (Gespräch mit Frau Grubach) Dann Fräulein Bürstner [≙ 2. Kapitel, S. 22–27]

10. Erste Untersuchung (Treppen, Gänge) [≙ 3. Kapitel, S. 35–40]
11. Der Prügler [5. Kapitel, S. 75–81]
12. (Im leeren Sitzungssaal. Der Student) Die Kanzleien [≙ 4. Kapitel, S. 60–74]
13. Erste Untersuchung [≙ 3. Kapitel, S. 35–50]

Nicht zuzuordnen:

- Weg zum Zug mit großem Koffer
- Fabrikszene mit kleiner Frau
- Arbeitende an Schreibtischen

13.3 Einordnung der Fragmente

Unterrichtsschritt. Nach dem Gesamtüberblick über die Romankapitel des Romanfragments werden die sechs Fragmente betrachtet (Reclam XL, S. 215–243). In – gegebenenfalls arbeitsteiligen – Kleingruppen fassen die Schülerinnen und Schüler anhand von ARBEITSBLATT 13 ***»Der Process« und die Fragmente*** den Inhalt des jeweiligen Fragments zusammen, entscheiden anschließend, an welcher Stelle des Romanfragments sie es einsetzen würden, und begründen ihre Meinung. Die Ergebnisse der Gruppendiskussionen werden im Plenum vorgestellt und diskutiert. Hierbei gibt es keine richtigen oder falschen Lösungen, die sinnvolle Begründung ist ausschlaggebend für die Logik der Zuordnung.

GA / UG

ARBEITSBLATT 13
➤ S. 106

Erläuterungen. Eventuell ist es sinnvoll, vor der Bearbeitung noch einmal darauf hinzuweisen, dass das erste und letzte Kapitel von Kafka als erstes verfasst wurden und sie daher als Kernidee den feststehenden Rahmen bilden. Je nach Leistungsfähigkeit der Lerngruppe können auch Hinweise zu möglichen Begründungskategorien gegeben werden (z. B. Fortsetzung – oder Kontrast – von Handlung, Figurenauftritt oder Motiven). Durch diesen Unterrichtsschritt wird ein Gesamtbild des Romans ins Bewusstsein geholt, das durch die folgenden Schritte noch einmal vertieft wird.

13.4 Überlegungen zu einer eigenen Verfilmung

Unterrichtsschritt. Die Schülerinnen und Schüler überlegen in der Gruppe, welche Motive aus heutiger Zeit sie in eine neue Verfilmung des *Process* einfließen lassen würden. Die Ergebnisse der Gruppengespräche können wiederum im Plenum diskutiert werden.

GA / UG

Erläuterungen. Eine Filmadaption kann – wie im Fall von Orson Welles' Verfilmung – immer auch an die Zeit angepasst werden; Kafkas *Process* eignet sich aufgrund seiner Vieldeutigkeit besonders gut dafür.

13.5 Resümee im Podcast (fakultativ)

Unterrichtsschritt. Die Schülerinnen und Schüler verfassen selbst eine Rezension zu Kafkas *Process* und lesen sie im Podcast vor. Dabei beziehen sie sich auf den Inhalt (auch die Fragmente), die Motive, den Schreibstil und beschreiben, was ihnen besonders gut gefallen hat und was sie schwierig oder möglicherweise sogar schlecht fanden. Darüber hinaus geben sie eine (Nicht-)Empfehlung ab für das Lesen des Romanfragments.

GA

ARBEITSBLATT 13

Der Process und die Fragmente

1. Verhaftung
(Reclam XL, S.–21)

2. Gespräch mit Frau Grubach. Dann Fräulein Bürstner
(S. 22–34)

3. Erste Untersuchung
(S. 35–50)

4. Im leeren Sitzungssaal. Der Student. Die Kanzleien
(S. 51–74)

5. Der Prügler
(S. 75–81)

6. Der Onkel. Leni
(S. 82–101)

7. Advokat. Fabrikant. Maler
(S. 102–151)

8. Kaufmann Block. Kündigung des Advokaten
(S. 152–181)

9. Im Dom
(S. 182–205)

10. Ende
(S. 206–211)

1. B.s Freundin (S. 215–222)
Inhalt:
Begründung:

2. Staatsanwalt (S. 223–228)
Inhalt:
Begründung:

3. Zu Elsa (S. 229 f.)
Inhalt:
Begründung:

4. Kampf mit dem Direktor-Stellvertreter (S. 231–235)
Inhalt:
Begründung:

5. Das Haus (S. 236–239)
Inhalt:
Begründung:

6. Fahrt zur Mutter (S. 240–243)
Inhalt:
Begründung:

Arbeitsaufträge:
1. Fassen Sie in einem Satz den Inhalt des jeweiligen Fragments 1–6 zusammen.
2. Ordnen Sie die Fragmente in die bestehende Kapitelfolge 1–10 ein (Pfeil) und formulieren Sie eine Begründung in Stichworten.

14 Klausurvorschläge mit Lösungshinweisen

1 Schreiben eines argumentierenden Textes: Bezug eines Zitats auf das Romanfragment

Klausuraufgabe

1. Arbeiten Sie die Motive heraus, die aus der von Kurt Tucholsky mitgeteilten Stellungnahme Max Brods zu *Der Process* deutlich werden. Beziehen Sie diese klar auf das Romanfragment und deuten Sie diese.
2. Erklären Sie in einem zweiten Schritt Kafkas Ansicht, »dass die Deutungen neuer Deutungen bedürftig wären«.

»Der Prozeß, der da geführt wird, ist der ewige Prozeß, den ein zart empfindender Mensch mit seinem Gewissen auszufechten hat. Held K. steht vor seinen innern Richtern. Das gespenstische Verfahren vollzieht sich an den unscheinbarsten Schauplätzen und so, dass scheinbar K. immer recht hat. Ganz ebenso sind wir rechthaberisch gegen unser Gewissen und versuchen, es zu bagatellisieren. Das Besondere ist nur die fatale Feinfühligkeit gegen die innere Stimme, die auf Schritt und Tritt immer lebendiger wird.

Mit Kafka selbst konnte man natürlich nie über Deutungen sprechen, auch bei der größten Intimität nicht. Er selbst deutete so, dass die Deutungen neuer Deutungen bedürftig wären. So wie ja auch sein Prozeß nie recht entschieden werden kann.«

Kurt Tucholsky: [Stellungnahme Max Brods zum *Process*.] Zit. nach: Peter Panter [alias Kurt Tucholsky]: Du hast ein Bett. In: Die Weltbühne. Nr. 10, 9.3.1926. S. 383.

Lösungshinweise

Zu Teilaufgabe 1:

- Hinweise auf die Biografie: »zart empfindender Mensch« (Kafka war ein zartes Kind, kam mit der herrischen Art des übermächtigen Vaters nicht zurecht)
- Prozess als Möglichkeit der persönlichen Entwicklung: innere Stimme, Gewissen, innere Richter (z.B. Schuldfrage)
- Prozess als innere Zerrissenheit: innerer Kampf, zwei Sphären (Land/Stadt, Ordnung/Chaos etc.)
- Unscheinbare Schauplätze: Vorstadt, Dachböden, enge und luft- und lichtleere Räumlichkeiten, Schlaf-, Arbeitszimmer, Rumpelkammer der Bank, Zimmer in der Pension etc.
- K. ist rechthaberisch: Überheblichkeit (Kapitel »Erste Untersuchung«; »Im leeren Sitzungssaal. Der Student. Die Kanzleien«); Kaufmann Block; kann bis zum Schluss nicht ganz nach- oder aufgeben (nimmt nicht selbst das Fleischermesser)

Zu Teilaufgabe 2:

Die Deutung von Kafkas *Process* ist nie abgeschlossen, da die Motive im Text selbst vieldeutig sind (wird an Beispielen belegt). Aufgrund persönlicher Erfahrungen und Entwicklungen des Lesers bzw. der Leserin entsteht eine neue Sichtweise, die eine neue Auslegung mit sich bringt (»Horizontverschmelzung«). Die Deutung kann und muss sich im hermeneutischen Entwicklungszirkel stetig erneuern oder verändern.

2 Literarische Erörterung: Verwirrung des Lesers als typisches Merkmal der Literatur Kafkas

Klausuraufgabe

Der Leser bzw. die Leserin wird bei der Lektüre von Kafkas *Der Process* immer wieder in Verwirrung gestürzt. Zeigen Sie, auf welche Weise es zu diesem Phänomen kommt und welche Wirkung daraus resultiert.

Lösungshinweise

1. Ursachen:

a) Erzählweise:
- Verwirrende Erfahrungen des Protagonisten in personalem Erzählstil
- Keine Deutungen oder Erklärungen durch den Erzähler

➤ Verwirrung des Protagonisten überträgt sich auf die Leserin bzw. den Leser

b) Sprache:
- hypotaktische Satzkonstruktionen, fehlende Kommata
- Wenig Absätze
- Verwendung von Konjunktiven
- Anspielungen (z. B. auf das österreichische Gerichtswesen)
- Metaphern, Bilder (z. B. Lichtverhältnisse)
- Doppeldeutigkeiten von Wörtern (z. B. Prozess)
- Widersprüche (z. B. Uhrzeit im Dom)
- Rhetorische Fragen
- Einbezug des Lesers
- Geänderte Verwendung bekannter Ausdrücke

➤ Sprachliche Ausdrucksweise macht eine Strukturierung, inhaltliche Durchdringung sowie distanzierte Leseweise schwierig

c) Motive:
- Vieldeutigkeit und teilweise Widersprüchlichkeit von Motiven (z. B. Gericht, Treppen, Dachböden, Kinder, Bilder)
- Untypische Verwendung der Motive (z. B. Gesetz/Türsteher, Bett)
- Fehlende Erläuterungen (Schuld)
- Motivvielfalt, die Varianz an Deutungsideen ermöglicht

➤ Es gibt viele Motive; sie sind nicht eindeutig zu verstehen und kaum in den bekannten bzw. eigenen Erfahrungsschatz einzuordnen

Alle Aspekte werden mit Textbeispielen belegt.

2. Folge/Wirkung:
- Infragestellen eigener bekannter Vorstellungen
- Hinterfragen der eigenen Person und des eigenen Lebens bzw. der eigenen Reaktionen auf Dinge und Erfahrungen
- Stetige Weiterentwicklung durch neue Deutungen
- Erkenntnis über die Unsicherheit der Realität bzw. der Welt
- Erfassen der »Normalität« von unerwarteten und unbegreiflichen Eingriffen in das Leben

➤ »Erwachen« des Lesers (wie Josef K. im Kapitel »Verhaftung«)

Lösungshinweise zu den Arbeitsblättern

Lösungshinweise zu ARBEITSBLATT 5b (➤ S. 44)

Motiv	Ausgestaltung im Kapitel
Frauen/Sexualität	• Student der Rechtswissenschaft umarmte Frau in der Woche davor, er ist »hinter ihr her« (vgl. 52,26) • Pornographischer Inhalt der »Gesetzesbücher« (vgl. 53,21–32) • Frau des Gerichtsdieners will K. verführen (vgl. 54,13–16; 57,5–7), hat Einfluss auf den Untersuchungsrichter (56,35 f.) • Untersuchungsrichter lässt Frau zu sich tragen (vgl. z. B. 61,26 f.)
Schuld	• Art des Gerichts verurteilt nicht nur unschuldig, sondern auch unwissend (vgl. 51,27–30)
Räumlichkeiten	• Schmutzig (vgl. 53,19) • Gericht sitzt auf dem Dachboden (vgl. 61,3–5), wo es heiß und schwül ist (vgl. 68,22–27) • Eindruck von vielen Wegen, aber es gibt an sich nur einen (vgl. 67,5–7)
Vater	• Kind als Teil der Sphäre des Gerichts (vgl. 61,2 f.) vs. Erwachsenenwelt der Vernunft
Macht-/Beamtenapparat	• Die Frau des Gerichtsdieners und dieser müssen die Aufdringlichkeiten des Studenten hinnehmen, da dieser einmal große Macht erlangen wird (vgl. 52,25 f.) ➤ einfache Menschen sind ausgeliefert • Korruption (vgl. 61,11–13; 61,25–27) • Faul, vergesslich (vgl. 55,17 f.) • Schlechte Kleidung, Beamte schlafen im Gericht (vgl. 71,4–7)
Persönliche Entwicklung / Unbewusstes	• K. geht selbstständig (ohne Termin) in die Räumlichkeiten ➤ freiwillige Teilnahme am Prozess? • Überheblichkeit von K. (vgl. 66,8 f.) wandelt sich zu Angst und Unwohlsein (vgl. z. B. 67,5–7; 69,2 f.; 72,33–73,5)
(Ir)regulärer Gerichtsprozess	• Gericht sitzt auf dem Dachboden (vgl. 61,3–5) • Pornographischer Inhalt der »Gesetzesbücher« (vgl. 53,21–32) • Gerichtswesen ist in der Bevölkerung kaum bekannt (vgl. 70,31–34) • Schlechte Kleidung der Beamten, diese schlafen im Gericht (vgl. 71,4–7) • Beamte halten Luft außerhalb der Räume nicht aus (vgl. 73,27–29)
Gott/Religion/Schicksal/Sinn	• Angeklagt sind nur Personen der höheren Schichten (vgl. 64,18–29)

Lösungshinweise zu ARBEITSBLATT 6 (➤ S. 51)

Inhalte der Anklageschrift:	Ort, Datum: Prag, 18. 10. 1910 Verfasser der Anklageschrift: [Schülername]
Bezeichnung der Person des Angeschuldigten (Name, Wohnort, Geburtstag, Geburtsort, Beruf, Familienstand, Nationalität)	Josef K., Prag geb. 31. 3. 1880 in Radlice Prokurist, ledig, deutsch
Genaue Beschreibung des Sachverhaltes, der vorgeworfen wird (unter Angabe von Zeit und Ort)	Anwesenheit und Nicht-Eingreifen bei einer offensichtlichen Folterszene am 12.8.1910 in Prag. Im Bürogebäude der XY-Bank ereignete sich am 12. 8. 1910 folgender Vorfall: Der Angeschuldigte wollte gegen 19 Uhr die Bank verlassen, öffnete aber aufgrund von wiederholten »Seufzern« (75,8/11) die Tür der Rumpelkammer. Dort fand er die Wächter Franz und Willem vor, die von einem Prügler geschlagen wurden, offenbar aufgrund einer zuvor ergangenen Anzeige von K. (76,22 f.). Das Bitten von Franz um Hilfe wurde von K. nicht erhört, Franz wurde aus Angst vor Entdeckung von K. sogar zurückgestoßen, so dass er die Besinnung verlor (78,30-33). Auf Nachfrage der Diener leugnete der Angeschuldigte das Geschehen in der Rumpelkammer (79,4-6) und verhinderte somit, dass diese den Wächtern helfen könnten. Er nahm damit den Tod der Wächter in Kauf (80,22) und beschuldigte unbeteiligte Beamte, die eigentlichen Schuldigen zu sein (80,27–29). Auch am nächsten Tag änderte der Angeschuldigte sein Verhalten nicht und leistete wiederum keine Hilfestellung (81,2–12).
Verletzte Strafvorschrift im Wortlaut	§ 323c StGB: (1) Wer bei Unglücksfällen oder gemeiner Gefahr oder Not nicht Hilfe leistet, obwohl dies erforderlich und ihm den Umständen nach zuzumuten, insbesondere ohne erhebliche eigene Gefahr und ohne Verletzung anderer wichtiger Pflichten möglich ist, wird mit Freiheitsstrafe bis zu einem Jahr oder mit Geldstrafe bestraft. (2) Ebenso wird bestraft, wer in diesen Situationen eine Person behindert, die einem Dritten Hilfe leistet oder leisten will.
Angabe der Beweismittel (auch Zeugen)	Zeugen: Willem, Franz, Prügler, zwei Bedienstete (Diener) der Bank Anzeige von K. vom 1. 4. 1910 gegen Willem und Franz
Ergebnis der Ermittlungen (mit Berücksichtigung und Bewertung/Gewichtung eventuell entlastender Aspekte)	Nach §323c StGB unterließ der Angeklagte eine Hilfeleistung, denn er hätte die Wächter vor der Prügelstrafe bewahren können: entweder durch eigenen Einsatz (1) oder den Hinweis an die Diener der Bank. Letzteres kann als Behinderung einer Hilfestellung gewertet werden (2). Damit nahm Josef K. den Tod der beiden Wächter billigend in Kauf. Für K. bestand zu diesem Zeitpunkt keine unmittelbare Gefahr, da er die Rute des Prüglers sogar herunterdrücken konnte (78,2 f.), zumindest jedoch hätte er – auch wenn er selbst möglicherweise das Prügeln nicht verhindern hätte können – die Diener der Bank informieren können, so dass eine gemeinsame Hilfe hätte erfolgen können. Entlastend kann hier nicht gewertet werden, dass Josef K. Angst hatte, sein Ansehen und seine Stellung in der Bank zu verlieren, da dies in keinem Verhältnis steht zu Folter und Tod. Aufgrund der besonderen Härte des Falles ist eine Freiheitsstrafe von mindestens einem Jahr angemessen.

Lösungshinweise zu ARBEITSBLATT 8 (➤ S. 66)

Inhalt/Motive des Romanfragments	Deutungsideen in Bezug auf das Schicksal oder eine andere höhere Macht
Gericht	• Höhere Macht, Schicksal
Prozess	• Das Leben
Geheimes Verfahren (Anklageschrift) für Angeklagten und Anwalt	• Das Leben und sein Verlauf ist nicht vollständig selbst bestimmbar • Hilfspersonen wissen nicht besser als man selbst, was gut ist
Rolle der Advokaten	• Wohlmeinende (Freunde, Familie) • lebensbegleitende Psychologen oder Lebensberater
Nur Duldung der Verteidigung bzw. Wunsch der Ausschaltung der Verteidigung	• Jeder muss sein Leben selbst führen, das kann niemandem abgenommen werden
Verbesserungen am Gericht und Einflussnahme auf das Gericht als quasi unmöglich	• Beeinflussung und Umgestaltung des eigenen Lebensentwurfs nur begrenzt möglich; »sich abfinden« = Loslassen als bessere Lösung ➤ fast buddhistische Sichtweise (Gelassenheit)
Schwierigkeiten der Eingabe	• Wegen ungeklärter Schuldfrage ➤ Aufrollen und Überprüfung des gesamten Lebens ➤ so wäre eine Veränderung/Verbesserung evtl. möglich
Verhältnis zu Fräulein Bürstner (114,16 f.)	• Liebesangelegenheiten sind nicht vollständig selbst beeinflussbar
Aber: Wie verhält sich K.?	• Überzeugt von sich ➤ Meint durch Anstrengung und sein Können alles erreichen zu können • Hat aber wenig Lust, sein Leben nochmals aufzurollen, um eigene Fehler/Verbesserungsmöglichkeiten zu entdecken ➤ Verdrängung der eigenen Schuld und negativer Gedanken • Vergleich des Prozesses mit einem Bankgeschäft ➤ Verfassen der Eingabe ➤ Tägliche Erinnerung und Bedrängung des Gerichts • Will das Leben durch Anstrengung und Mühe meistern

Lösungshinweise zu ARBEITSBLATT 9 (> S. 73)

	Textbezug	Deutung
Variante 1 (wirkliche Freisprechung)	• Bei tatsächlicher Unschuld • Legende • T. hat davon noch nie gehört	• Je nach Sichtweise ist jeder in irgendeiner Hinsicht schuldig • Wirkliche Unschuld nur bei Heiligen?
Variante 2 (scheinbare Freisprechung)	• T. schreibt Bestätigung der Unschuld und verbürgt sich dafür, aber: • keine endgültige Freisprechung • Recht dazu hat nur das oberste, unerreichbare Gericht • Akten bleiben bestehen • neue Anklage und Verhaftung jederzeit möglich	• andere können die eigene Sichtweise zwar bestätigen • doch alle überzeugen kann man damit nicht • oberstes Gericht als höhere Macht = Gott? • Probleme/Sachverhalte lassen sich nicht durch andere lösen • sie können jederzeit wieder auftreten
Variante 3 (Verschleppung)	• Prozess wird dauerhaft im niedrigsten Stadium gehalten • keine plötzlichen Verhaftungen • es finden aber Untersuchungen und Verhöre statt	• Probleme/Sachverhalte ignorieren/verdrängen/leugnen • Man wird immer wieder darauf hingewiesen, hat selbst evtl. ein schlechtes Gewissen

Resümee
Die Bedeutung der Freisprüche: • alle Varianten bieten keine echte Lösung. • Was könnte eine Lösung sein? (z. B. sich den Problemen stellen, andere Sichtweisen zu verstehen suchen etc.)
Fragen, die offenbleiben: • Ist das Gericht ein Gericht im Kopf jedes Menschen? • Ist das Gericht eine höhere Macht wie das Schicksal oder Gott?

Sprachliches/stilistisches Merkmal	Textbeleg und/oder Beispiel
Sprachstil	
Nüchtern-knapper Stil	»Endlich hatte sich K. doch entschlossen, dem Advokaten seine Vertretung zu entziehn.« (152,3 f.) ➤ das Wie und Warum bleibt offen
Hypotaxe Satzkonstruktionen im Wechsel mit wenigen parataxen Sätzen	152,6–11 152,30; 153,8
Wenig Absätze, fehlende Kommata	152,29–157,11; 158,33 f.
Konjunktive	152,11–28
Dialoge (Theaterstil)	154,27–34 etc.
Rhetorische Mittel	
Sprachspiele wie Anspielungen	»die schwere Luft in den Kanzleien« (159,11–13) ➤ dicke Luft, Mühe, Beichte (Kirche) »wie eine Litanei« (162,37–163,1) »Bring ihn doch ins Bett« (167,17 f.)
(Erfundene) Metaphern	Türöffner (153,15) für Block
Sprechende Namen	Block, Huld
Bilder	»Es war ein kleiner dürrer Mann mit Vollbart, er hielt eine Kerze in der Hand.« (153,17 f.)
Humorvolle Einschübe	»Vor dem Bild des Richters hielt K. den Kaufmann hinten an den Hosenträgern zurück.« (154,12 f.)
Doppeldeutigkeiten bzw. Polyvalenzen (z. B. Titel »*Der Process*«)	»Man sagt sogar dass er in diesen Rechtssachen tüchtiger ist als in den andern.« (157,33 f.) »Man hätte denken können, er hätte nicht achtgegeben, aber er war vollständig eingeweiht.« (155,28 f.) »Verbindung der Gerichte und Rechtswissenschaften« (157,30 f.)
Wiederholungen = »Frequenzstil« Kafkas	Advokat, Kaufmann (gesamtes Kapitel) Suppe (S. 156) »Entziehung des Geldes [...] Entziehung meiner Arbeitskraft« (159,1 f.) »Dummheiten« (159,30 f.) »Aberglaube« (S. 159 f.) »Eingabe« (S. 162) »Fortschritte« (S. 162)

Widersprüche	»Gemeinsam kann man also nichts durchsetzen, nur ein einzelner erreicht manchmal etwas im Geheimen« (160,30–32) ↔ »nutzlos ist nur das selbstständige Eingreifen« (161,3) »›Was für einen Fortschritt wollten Sie denn sehn?‹ […] ›Sie fragen ganz vernünftig […] man kann in diesem Verfahren nur selten Fortschritte sehn.‹« (162,29–32)
Rhetorische Fragen	»Aber warum denn, warum denn?« (154,24 f.) »Dich lieb haben?« (166,5)
Scheinbarer Einbezug der Leserin bzw. des Lesers	»Sie verstehn das wohl nicht?« (161,8)
Änderung oder Ad-absurdum-Führen bekannter Ausdrücke bzw. Redensarten, Erfinden neuer Redensarten	»Was dieser Advokat nicht will oder kann, wird ein anderer wollen und können.« (163,16 f.) »dass man am liebsten […] sich zuhause ins Bett legen und von nichts mehr hören wollte. Das wäre aber natürlich wieder das Dümmste, auch hätte man im Bett nicht lange Ruhe.« (164,20–23)
Juristische Sprache	»Wie viel Jahre vertritt er Sie denn schon?« (157,16) »gewöhnliche Rechtssachen« (157,30) »unterhandeln« (159,10) »Untersuchungen« (162,2) »Eingaben« (162,5 f.) »Einvernahmen« (162,36) »Gerichtsboten« (163,1) »Festsetzung der Verhandlung« (163,13) »Hauptverhandlung« (163,19) »Vorbehalt« (163,20)

Lösungshinweise zu ARBEITSBLATT 11c (➤ S. 92 f.)

Merkmale der Parabel	Merkmale am Beispieltext
Kurz, episch	✓
Lehre	z. B. sich selbst helfen
Bildebene	Türhüter, Mann vom Land, Gesetz
Sachebene	z. B. Angst, Leser, Lebensweg
Schnittpunkt (tertium comparationis)	z. B. Schwelle
Offenes Ende	Was geschieht mit dem Türhüter?
Binnenerzählung	Innerhalb des Romanfragments; kann zur Deutung dessen herangezogen werden

Merkmale des modernen Romans	Merkmale am Beispieltext
Wechsel der Erzählperspektiven bzw. personales Erzählen	Überwiegend personales Erzählen aus der Sicht von K.
Zerrissenheit des Helden	K. ist zerrissen zwischen den beiden Sphären
Hilflosigkeit des (Anti-)Helden	K. weiß nicht, wie er seinen Prozess beeinflussen kann, steht den Instanzen hilflos gegenüber
Durchschnittlichkeit des (Anti-)Helden	K. ist ein durchschnittlicher Angestellter, wenngleich er bereits Karriere gemacht hat; hat bis zu seiner Verhaftung ein sehr geregeltes, bürgerliches Leben geführt
Vermischung literarischer Gattungen	Hier: Einfügen der Parabel in das Romanfragment
Sprunghaftes Orts- und Handlungsgefüge	Pension, Mietskasernen, Bank, Rumpelkammer, Advokatenwohnung, Atelier Titorelli, Dom; Kapitel könnten auch vertauscht werden
Einsatz von Dialogen in wörtlicher Rede	In Teilen fast schon szenisch formuliert
Innerer Monolog / erlebte Rede	Schilderung zahlreicher Gedanken K.s in erlebter Rede (personaler Erzähler, 3. Pers. Sg., Prät.)
Suche nach dem Sinn des Lebens	Suche nach dem Sinn des Prozesses, seiner Schuld